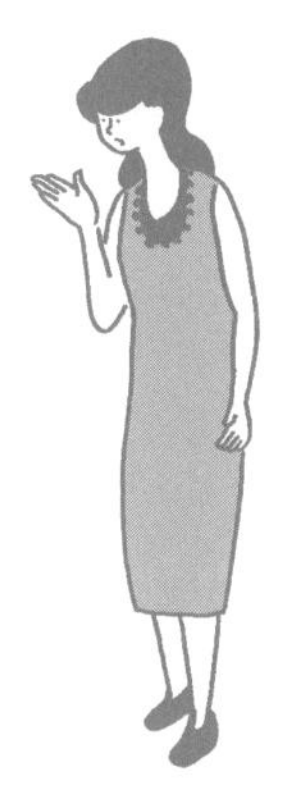

イラスト図解だから
秒速で身につく！

大人の語彙力 見るだけノート

監修
吉田裕子
Yuko Yoshida

宝島社

大人の語彙力見るだけノート

監修
吉田裕子
Yuko Yoshida

OTONA NO GOIRYOKU
MIRUDAKE NOTE

宝島社

はじめに

言葉は３回使うと自分のものになる

語彙力は、現代のビジネスパーソンにとって欠かせない能力です。

同僚にしても取引先にしても、人と人とが関係を構築する時、以前であれば、実際に顔を合わせ、見た目や雰囲気から人柄を知っていくことがほとんどでした。しかし、情報化が進むなか、直接対面することなしにメールなどのやりとりだけで仕事が進む例も増えてきました。近頃ではリモートワーク（テレワーク）なども広がり、その傾向はどんどん強まっています。

そこで人柄を印象づけるのは、言葉づかいです。顔が見えない時、私たちはメールなどの言葉の端々からその人のことを想像します。

信頼できるのかな？

仕事ができる人なのかな？

優しい人なのかな？

そうした人柄のイメージのもとになるのが、言葉づかいなのです。ですから、語彙を増やし、表現力を磨くことが欠かせません。

ビジネスパーソンとして、好印象を与えたい場合、敬語を適切に使いこなすことがスタートライン。さらに、大人として、年齢にふさわしい語彙力を持っているか。定型文のコピー＆ペーストで終わらない、気の利いた一言があるかどうか。そういう部分も、さりげなく、でもしっかりと皆見ているものなんです。

あなたは、自分の日本語をよりよくしたいと思い、この本を手に取ってくださったはず。せっかくであれば、最低限の敬語能力に留まらず、知性を感じさせる語彙、品格を漂わせる語彙まで、欲張っていただきたいものです。

本書では、実際の社交やビジネスシーンでの具体的なやりとりを想定して、それぞれのシチュエーションで使える格調高い表現を紹介しています。「普通こういうふうに言いがちですが、こう言ってみてはどうですか」と言い換えを提案するスタイルなので、実践的で、皆さんの仕事や生活の中に取り入れやすいはずです。

私自身も、読書をしたり、他人の言葉づかいを観察したりする中で、「これは」と目を瞠ったものはメモする生活を続けています。自分のものにするためには、実際に使ってみることが欠かせませんが、私はまず、メールやブログなどの文章の中で使うことにしています。個人的な実感としては、3回使うと、言葉は自分のものになります。背伸びをして3回使ってみることで、自分自身が自然に使いこなせる語彙に仲間入りをしてくれるのです。

ぜひ本書の中で気になった、気に入ったフレーズがあれば、手帳やノート、スマホにメモしてください。そして、3回使ってみてください。最初はぎこちないでしょうが、使っていくうちに、だんだん語の持つ雰囲気が自分に馴染んできます。

「国語で人生に輝きと潤いを！」――これは、国語講師としての私・吉田裕子の信条です。本書を手に取ってくださった方が、語彙力を培って、今以上の活躍をしていただけることを願ってやみません。

吉田裕子（国語講師）

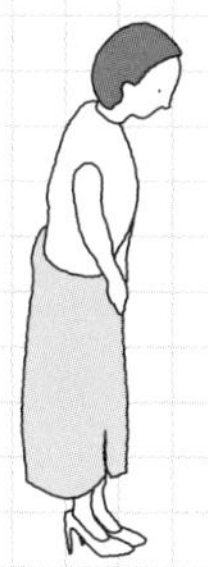
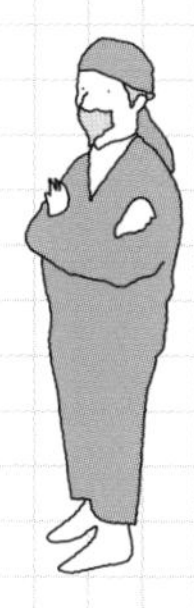
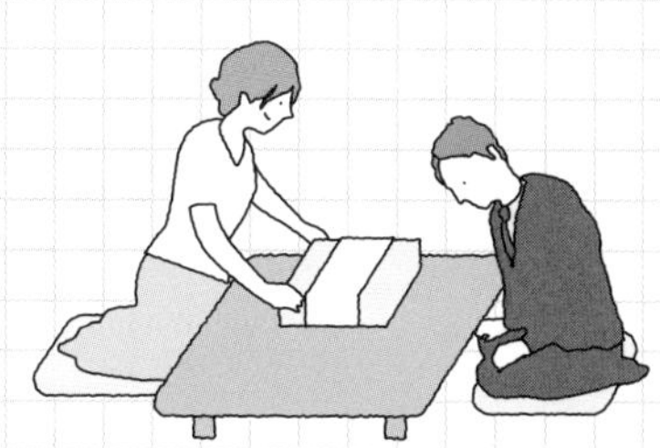

語彙力を高めるメリット①

語彙力は「知性と品格」を高める

社会に出て、人と接する時に稚拙な言葉ばかり使っていると、まずは教養（つまり知性）や品格が疑われます。また、いつまでも「マジ!?」「やべー」などと学生のような言葉づかいでは、知性どころか人としての人間性すら疑われかねません。信頼を得るには、言葉の端々から醸し出される印象が重要です。

たとえば、あなたが初めて入ったお店で、目当ての商品の有無を店員にたずねた際に、ただ一言「ありません」と言われたら、少しムッとするのではないでしょうか。「あいにく在庫を切らしております。よろしければお取り寄せしますが、いかがいたしますか？」と心を込めて丁寧に言われたほうが、「感じのいいお店だな」と思うはずです。

あらゆるビジネスで、最も大切なのがリピーターです。そして、職場における上司は最大の潜在的リピーターといえます。上司に「次も、この部下に任せたい」と思わせるためには、実力ばかりでなく「外に出しても恥ずかしくない」知性と品格を感じさせることが大切です。

語彙力を高めるメリット②

語彙力は最強のビジネスツール

人の印象は、第一印象で9割決まるともいわれています。しかも、一生のうちに出会うすべての人は、最初は皆「初対面」です。ならば、他人に対してあなたの第一印象を印象づける「語彙力」を身につけておいたほうが、人に信頼され、人脈も広がり、あなた自身もより生きやすくなるはずです。

もちろん発想力や企画力、技術や資格などもビジネスにおいて大きな力になります。しかし、それらの力を披露するにも、最初の関係構築は欠かせません。組織の内外で広く信頼を得て、人脈を獲得するために、相手に知性や品格を感じさせる語彙力は強力な「ツール」となります。

そう、語彙力とは大人としての社会生活を助ける「道具」。この道具は、使えば使うほど成果を出せるはずです。その道具を年齢相応に磨いていけば、皆さんの可能性は確実に広がります。

語彙力を高める方法①

語彙力を高めるのは、実は簡単

言葉は人の第一印象に大きな影響を与えます。そして、優れた言葉は簡潔でありながら深く、美しいものです。それは、過去の人々が無数の表現やコミュニケーションの中で磨いてきた文化だからです。

たとえば冠婚葬祭などスピーチが求められる場で語彙力を軽視していると、恥をかくばかりか、世間の人はあなたを「子ども」扱いするかもしれません。もちろんビジネスにおいても、世間が「大人」と認めないような人に、重要な仕事を任せる上司や会社などないでしょう。

多くの語彙を、すぐに身につけるのは確かに難しいことです。しかし、一つひとつの語を必要な時に学び、会話で実践するだけで「大人」として認められるのなら、それはむしろ「ちょろい」……もとい、「たわいもない」ことです。

語彙力を
高める
方法②

「言い換え」を意識して語彙力アップ

語彙力アップのコツは、常に「言い換え」を意識することです。たとえば上司に伝言を頼まれた時、最初は「伝えておきます」などと普通の返答しかできないかもしれません。しかし、そのあとで「本当は、どう返事をするのが適切だったのだろう？」と、一度立ち止まって調べたり、考えたりすればよいのです。

「言い換え」を意識しよう

たとえば顧客から注文があった際、「わかりました」という言葉で十分でしょうか？ そんな時は、「かしこまりました」と、より丁寧な言葉を返すことで、顧客を敬う表現ができるだけの知性と経験、そして品格があると相手に感じてもらえるのです。

「真似」も語彙力アップのカギ

先輩や上司の言動を真似するのも、語彙力アップの近道の一つです。ふだん自分が使っている言葉を、先輩や上司が電話応対や会議、打ち合わせなどの際、どのように言い換えているのかを観察しましょう。その先輩や上司が、あなたが尊敬や憧れをもって接している人であれば、より熱心に「盗む」ことができるはずです。

イラスト図解だから
秒速で身につく!

大人の語彙力見るだけノート

Contents

Chapter2
ふだんの会話で品よく見せる表現

Chapter3
仕事で「できる人」と思われるフレーズ

Chapter4
言いづらいことを角を立てずに伝える語彙力

Chapter5
相手をうならせる慣用句と言い回し

Chapter6
自然に使えると奥ゆかしく聞こえる大和言葉

Chapter7
知らないと恥ずかしい！間違えやすい言葉

Chapter

1

GOIRYOKU
mirudake note

知性を感じさせる大人の言葉づかい

知性とは、ものごとを知り、
考え、判断する能力。
人からの評価を得る際に、
最も重要な要素の一つです

私たちの社会は、人と人との関係でできあがっています。今や、オンライン会議でだけ、メールでだけしかかかわらない相手もいる時代です。そんな環境で人とスムーズに付き合い、信頼関係を築き上げていくためには、相手に「知性」を感じさせる大人の言葉づかいが必要です。

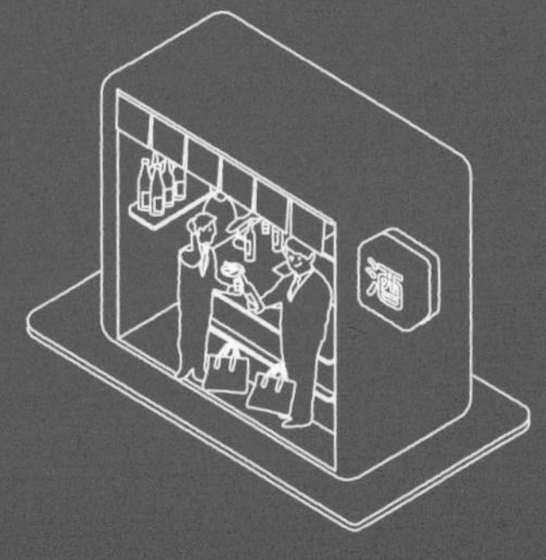

01 知性を感じさせる大人の言葉づかい（基礎編）①

社会人は、相手に知性や品位を感じさせる話し方ができないと、なかなか信頼を得られません。まずは基本的な「大人の言葉づかい」を解説します。さらりと使いこなしたい敬語表現を身につけましょう。

知っています ➡ 存じ上げております

「存じております」と「存じ上げております」

「存じる」は「知る」「思う」の謙譲語で、ものや事柄を「知っている」「思っている」という場合は「存じております」と表現します。一方、「存じ上げております」は、「目上の人のことを知っている」という場合に用いられる表現です。

わかりました ➡ かしこまりました

了承する際に用いる表現

「かしこまる」は「恐れ入って」「つつしんで」といった意味。「かしこまりました」と言う場合は、「おっしゃることを理解しました」といった意味になり、目上の相手からの依頼・指示などを了承する際に使われます。「承知しました」「承りました」などの言い換えも可能です。

伝えておきます ➡ 申し伝えます

相手をより"立てる"伝言の承り方

「申し伝えます」は、「言う」の謙譲語「申す」に「伝える」を加えた表現。単に「伝えておきます」と言うより、相手を立てた丁重語になります。似た表現の「お伝えします」は「お～する」を含み、動作の受け手に敬意を払う謙譲語になるので、伝える相手が敬うべき人の時に使います。

02 知性を感じさせる大人の言葉づかい(基礎編)②

前のページに続いて、知性を感じさせる言葉づかいを紹介します。相手が「稚拙」「軽い」と感じるかもしれない言葉を、どのように言い換えれば語彙力のある言い方になるかを学びましょう。

全然大丈夫です ➡ 差し支えございません

「大丈夫」を品よく伝える

「差し支え」とは「支障」や「差し障り」、つまり「都合の悪い事情」のこと。その「差し支え」がないということは、「問題がない」「大丈夫」「かまわない」という意味。そのまま「差し支えないです」でも通じますが、「差し支えございません」とすると、より丁寧な表現になります。

教えてください ➡ ご教示ください

「教えてください」をさらに丁寧に

「教示」とは、文字のとおり「教え示す」という意味。この「教示」の前に尊敬語の「ご」をつけて、依頼の「ください」「いただけませんか」などをつけることで、改まった印象になります。メールでは特に役立つ熟語表現です。

先に帰ります ➡ おいとまいたします

丁寧かつ品のある大和言葉

会食の席などでは先に帰ること自体、あまりいい印象ではありません。そんな時、目上の人に一言「先に帰ります」と言うだけでは、相手にぶしつけな印象を与えます。「お先に失礼いたします」でもよいのですが、柔和な大和言葉で「お暇（いとま）いたします」と伝えると、相手により丁寧かつ品のある印象を与えられます。

03 相手を立てる大人の言葉づかい

会話の際には、さりげなく相手を立てられると、場もなごみ、相談や交渉もスムーズに進むようになります。「この定型句を自然に使えるのか」と相手に思わせることができれば、あなたの評価も上がるでしょう。

私なんかが言うのも ➡ 僭越(せんえつ)ながら

へりくだりながら“物申す”

「僭越」とは、地位や身分をわきまえずにでしゃばることや、出すぎた真似をすること。「僭越ながら」と言った場合は、「身の程をわきまえず」「失礼ながら、出すぎたことをいたしますが」といった意味になります。「僭越ながら」とへりくだることで、相手に謙虚な印象を与えられます。

協力してもらったので ➡ おかげさまで

あらゆる場面で使える便利な言葉

「おかげさまで」は、相手にお礼や感謝を伝える言葉です。「お陰（かげ）」はもともと神仏の加護を意味し、それに「様（さま）」をつけることで、さらに“ありがたい”気持ちを強調した表現になります。実際に協力してもらった時にも、社交辞令（「順調です。本当におかげさまで」など）としても使えます。

教えていただき ➡ ご指導ご鞭撻（べんたつ）をいただき

あらゆる場面で使える挨拶や謝辞の言葉

目上の人へ日頃の指導や教育への感謝を伝えたり、今後の指導をお願いしたりする言葉です。「指導」は文字どおりの意味で、「鞭撻」は強く励ますこと、いましめ励ますといった意味です。同様のことを相手に伝える際には「お導きいただき」「ご指南いただき」などの表現もあります。

04 相手を敬う大人の言葉づかい

大人の社交では、相手に尊敬の念を持って接することも大切です。単に尊敬の念を持つだけでなく、適切な時に適切な言葉でさりげなく敬意を伝えることができれば、相手との信頼関係も深まります。

うらやましい ➡ あやかりたい

相手の幸福を褒めそやす

「肖（あやか）る」とは、好ましい状態にある人の影響を受けて、自分も同じような状態になるという意味。人をうらやむ表現ではありますが、「あやかりたい」と言う場合、ねたむのではなく、長寿や結婚、出産、合格など、相手の幸福を褒めそやすニュアンスで使われます。

うれしいです ➡ 幸甚(こうじん)に存じます

うれしい気持ちを伝える表現

「幸」は「幸せ」を、「甚」は「はなはだしいこと」を意味し、「幸甚」は「何よりの幸せ」や「非常にありがたい」ことを表します。この2文字の後に「思う」「知る」の謙譲語の「存じる」と丁寧語の「ます」をつけることで、相手を敬いつつ丁寧にうれしい気持ちを伝える言葉です。

助けてください ➡ お力添えください

目上の人に助けを求める表現

「力添え」だけの場合は、目下の人が目上の人を手助けする場合にも使いますが、尊敬語の「お」をつけ、「お力添えください」と言った場合は、目上の人に助けを求める謙譲語となります。「お力添え」は「ご協力」「ご助力」「ご支援」などの言い換えも可能です。

05 来客を迎える際の大人の言葉づかい

態度や言葉で相手を思いやる「気づかい」は、大人が身につけておくべき最も重要な心得の一つといえます。ここでは、自宅やお店でお客を迎え入れる際に、ちょっとした「気づかい」を表す言葉を紹介します。

忙しいところ ➡ ご多用にもかかわらず

微妙に格式が異なる「ご多用」と「ご多忙」

「忙しいところ」「忙しいにもかかわらず」を、丁寧にした表現が「ご多用にもかかわらず」です。「ご多用」は「ご多忙」とほぼ同じ意味ですが、手紙などで用いられるより格式のある表現です。「ご多用中恐れ入ります」もよく使う形です。

天気の悪い中 ➡ お足元の悪い中

悪天候時の来客に用いるねぎらいと感謝の言葉

「お足元の悪い中」は、天気の悪い日に訪問してきてくれた相手にねぎらいと感謝を伝える言葉。接客業の人が用いることが多いですが、一般家庭で訪問客に用いても問題ありません。ただし、足が不自由な人に言うと「足が悪い」ことを連想させてしまう可能性があるため、「あいにくの雨の中」などと言い換えるとよいでしょう。

来ていただく ➡ お運びいただく

来客をねぎらう謙譲表現

「お運び」は「足を運ぶ」の意味。その後に「もらう」の謙譲語「いただく」をつけて「お運びいただく」と言った場合、わざわざ訪問してくれた相手を、敬意をもってねぎらう表現となります。同じ意味の「ご足労いただく」という言い回しもよく使われます。

06 お願い上手な人が使っている大人の言葉づかい

相手にものごとをお願いする際などは、特に丁寧な印象を与える言葉づかいが大切です。「手間をかけてしまい申し訳ない」という気持ちがあっても、言葉づかいが適切でなければ、ぶしつけな印象を与えかねません。

どうしても ➡ 折り入って

お願いや相談の際に用いる

「折り入って」は「深く心を込めて」「特別に」「ぜひ」「切に」といった意味で、人にお願いや相談をする際に用います。「折り入って」という言葉は目上の人にも目下の人にも使えますが、目上の人に使う場合は「折り入ってご相談がございます」などと、丁重な言葉づかいで持ちかけましょう。

面倒をかける ➡ お手を煩わせる

主に依頼や謝罪の際に用いる表現

「お手を煩わせる」は、依頼や謝罪の際に用いる表現。「煩わす」は「心配させる」「悩ます」「厄介をかける」といった意味。尊敬語の「お」がついているので、相手に何かしらの作業を伴う「手間」や「面倒」をかけることを表現しています。

悪いですが ➡ 忍びないのですが

相手の労苦を気づかう表現

「忍びない」は、「耐えられない」「我慢できない」といった意味です。相手に対して「忍びないのですが」という場合は、「こんなことをお願いしまして耐え難い気持ちですが」といったニュアンスになります。謝罪ではないですが、「個人的に申し訳なく思う」という感じは出ます。

07 褒められた時の大人の切り返し

褒められ上手になれば、目上の人も褒め甲斐があるというもの。褒められた時に謙遜すると、「いやいや、そんなことは……」と、さらに褒められて困ることも。スマートに相手を立てて切り返しましょう。

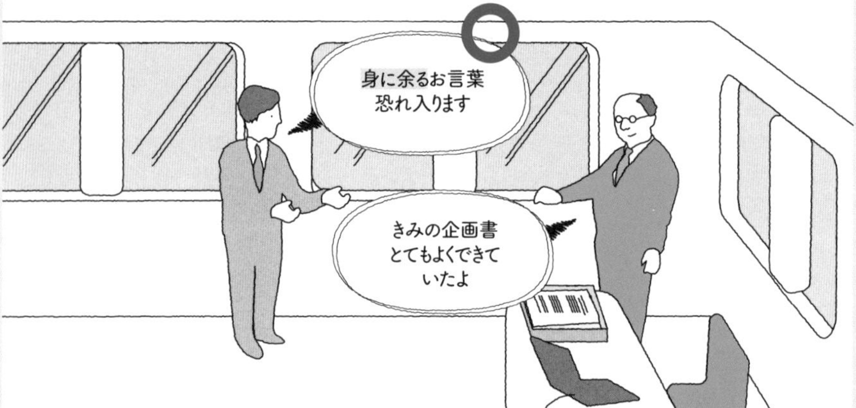

私にはもったいない

「身に余る」は、「私にはもったいない」という意味。高い処遇を与えられた際などに「身に余る光栄です」などと用います。単に「うれしい」とせず「身に余る」と、恐れ多い気持ちが上回ることを表すことで、相手を高めつつ、お礼の気持ちを伝えられます。

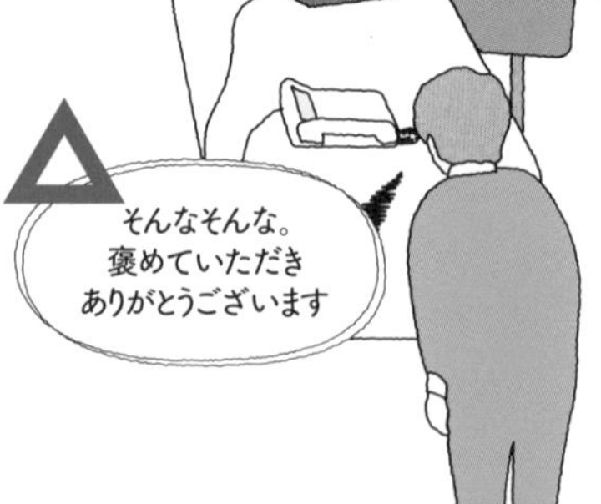

褒めていただいて ➡ もったいないお言葉

相手を立てつつ感謝を伝える

「勿体（もったい）ないお言葉」は、目上の人から褒められた際に返すお礼の言葉。「もったいない」には「惜しい」「残念」といった意味もありますが、この場合は「もったいない」という言葉で相手を立てつつ、自分を下げて感謝を伝える表現になります。

褒めてもらえてうれしいです ➡ お眼鏡（めがね）にかない、光栄です

最上級の感謝の言葉

「お眼鏡」とは、ものごとの良し悪しを見抜く識別力のこと。この「お眼鏡」に、「当てはまる」ことを意味する「適（かな）う」をつけると、相手に評価されて（気に入ってもらえて）うれしいという意味になります。また、「光栄です」は「名誉や、誇りに思う」ことを表す言葉です。

08 誠意をアピールする大人の言葉づかい

相手の信頼を得るためには、誠意を見せることも重要です。相手に誠意を感じてもらうには、ふだんの行動や仕事ぶりだけではなく、ひたむきさを示す適切な言葉を用いることも大切です。

実力不足ですが ➡ ふつつかながら

謙遜しながらアピール

「不束（ふつつか）」は、気が利かなかったり、行き届かないこと。「ふつつかながら」と言った場合は「自分は行き届かない人間ですが」という意味になりますが、「そんな私ですが、ご期待に沿えるよう精進します」というニュアンスも伝えられます。

一生懸命 ➡ 身を粉にする

映像的なイメージで献身をアピール

「身を粉にする」とは、自分の体を細かく砕くようにして必死に取り組む、つまり苦労をいとわずに働くという意味。また、この言葉には単に一生懸命がんばるというだけでなく、「自分を犠牲にしてまで成し遂げる」というニュアンスも含まれています。

やり終える ➡ 全うする

最後までやり遂げること

「全う」は「真面目であるさま」「しっかりとしているさま」で、「全うする」は「ものごとを最後まで完全に終わらせる」ことを表します。同じ意味の言葉では「完遂する」「成し遂げる」などもよく用いられます。なお、同じ読みで「真っ当」と書いた場合は、主に「しっかりとしているさま」を表します。

09 自分をさりげなく印象づける大人の言葉づかい

ビジネスや社交において役立つのが自己アピールです。しかし、稚拙だったり、押し付けがましかったりする自己アピールは、かえって逆効果になることも。そんな時に役立つのが、謙虚に存在感を印象づける表現です。

覚えておいてください ➡ お見知りおきください

相手に自分を印象づける

「お見知りおきください」は初対面の挨拶として使われる言葉で、「私のことを心に留めておいてください」といった意味。自分を印象づける際に「どうぞお見知りおきのほどを」「お見知りおき願います」といった形で使います。

今後もよろしく ➡ お引き立てください

尊敬や感謝を伝える表現

「引き立て」とは、特に目をかけて、ひいきにすること。「お引き立てください」と言った場合は、「今後もご愛顧ください」と、相手に尊敬や感謝を伝える表現となります。意味は「お世話になっています」とさほど変わりませんが、さらりと「お引き立てください」と言えれば、相手も「こなれた挨拶をするな」と思うはず。

気を遣っていただいて ➡ ご厚情（こうじょう）痛み入ります

恐縮しつつ感謝の意を表す

「厚情」は文字どおり「厚い情け」、つまり、心からの深い思いやりの気持ちという意味。「痛み入ります」は、相手の親切や厚意に対して恐縮し、感謝の意を表す表現です。ここぞという時に「ご厚情痛み入ります」と自然に返せると、「なかなか立派な人だ」と、相手も目をかけてくれるかもしれません。

Chapter 1

Check!

敬語の基本①

尊敬語・謙譲語・丁寧語

正しい敬語を使うためには、そもそもの基本をしっかりと理解する必要があります。ここでは敬語の基本の「き」を解説します。

敬語は、その性質によって分類することができます。敬語は大きく分けて「尊敬語」「謙譲語」「丁寧語」「丁重語」「美化語」の５種類あります。ただし、実用的には以下の「尊敬語」「謙譲語」「丁寧語」の３種類をしっかりと理解しておけば、どのような場面でもさほど困ることはないはずです。

尊敬語

敬う人の動作を表す言葉に「～なさる」「お～になる」「～れる（られる）」をつけて敬意を表します。たとえば「会う」は、「会いなさる」「お会いになる」「会われる」となりますが、「お会いになられる」は二重敬語になるため間違いです。

相手に対する尊敬の気持ちを表すもので、話をしている相手のほか、話題の人物とその動作などを高める表現です

謙譲語

自分や身内の動作に「お〜する」「お〜申し上げる」「〜いたす（いたします）」をつけてへりくだる敬語です。年上の親類や上司であっても、外の人に対しては身内として扱い、謙譲語を使うことに注意が必要です。

丁寧語

語尾に助動詞の「です」「ます」「ございます」などをつけることで、会話や文章を丁寧な印象にします。「ご飯」「お酒」などと、一般的な名詞に「ご」や「お」の接頭語をつける「美化語」も、丁寧語の一種とされます。

Chapter

2

GOIRYOKU
mirudake note

ふだんの会話で品よく見せる表現

品位とは、その人から
漂う気高さや上品さ。
人からの好意を得るうえで
最も重要な要素の一つです

社会で評価を得るために、「品位」は「知性」と同様に極めて重要な要素の一つです。品位がないと相手に判断されてしまうと、プライベートでもビジネスでも、そこからさらに深い関係になることは難しいでしょう。ファッション同様、TPOをわきまえて品位を磨きましょう。

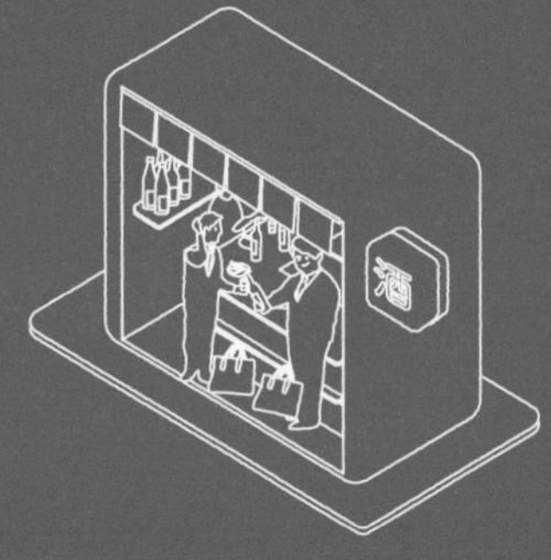

ふだんの会話で品よく見せる表現（基礎編）①

「知性」や「品格」がつい表れてしまうのが､何げない日常の会話。ビジネスシーンのように気持ちが張り詰めていないことが多いので、どうしても素の自分があらわに。だからこそ、日常的に語彙力を磨いておきましょう。

知りませんでした ➡ 寡聞（かぶん）にして

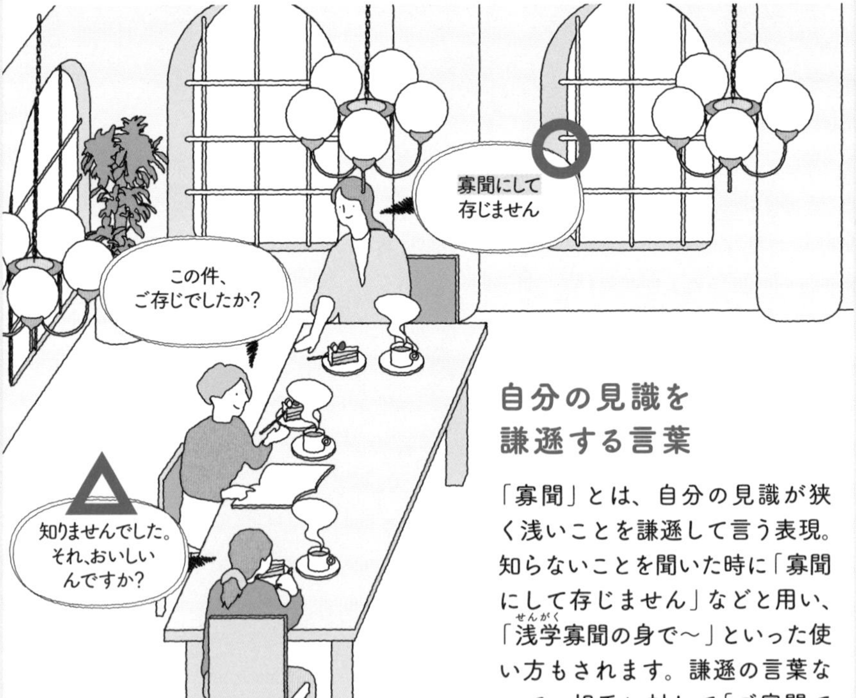

自分の見識を謙遜する言葉

「寡聞」とは、自分の見識が狭く浅いことを謙遜して言う表現。知らないことを聞いた時に「寡聞にして存じません」などと用い、「浅学（せんがく）寡聞の身で～」といった使い方もされます。謙遜の言葉なので、相手に対して「ご寡聞ですね」などと言うのはNG。

見ます ➡ 拝見(はいけん)します

自分が「見る」ことをへりくだって言う表現

「拝見」は「見る」の謙譲語です。通常は「拝見しました(します)」などと用いられます。「拝見申し上げます」という言い方も見られますが、「拝見する」という言葉自体が謙譲語のため、これに謙譲語である「申し上げる」をつけると二重敬語になるためNGです。「拝見いたします」はOKです。

やっている ➡ たしなむ

好んで習う、まずまず楽しむという意味を上品に

「嗜(たしな)む」とは、「好んで親しむ」「愛好する」という意味。「俳句をたしなむ」など趣味や特技を表すほか、「お酒をたしなむ」と、嗜好品などを好む意味でも使われます。また、「つつしむ」「用心する」などの意味もあり、その場合、「身をたしなみなさい」などと使われます。

ふだんの会話で品よく見せる表現（基礎編）②

「品のよさ」というのは、その人の見た目やしぐさだけでなく、ちょっとした会話の中にも表れます。しかし、基本的な語彙を知ったうえで常日頃から気をつけていないと、すぐに「品のよい言葉づかい」を実践することはできません。

もらいます ➡ 頂戴（ちょうだい）します

古風に「たまわる」とも

「頂戴」は「もらう」の謙譲語で、ものをもらうことのほか、もらって飲食することをへりくだって言う表現。さらに丁重語を付けた「頂戴いたします」という言い方もよく使われます。古風には「結構な品をたまわりまして」など「たまわる」も使われます。

一緒に行く（同席する）➡ご（お）相伴にあずかる

誘いを受けた時に使いたい言葉

「相伴」とは、主賓の連れとして一緒に接待を受けることや、その「連れ」の意味。「与（あずか）る」は「関係する」ことで、「分け前をもらう」「目上の人の好意を受ける」の意味も。「ご相伴にあずかる」と言う場合は、「同席させていただく」「ごちそうになる」という意味になります。

ご検討（ご対処）ください ➡お取り計らいください

依頼やお礼の際に使える言い回し

「取り計らい」とは「処理」や「処置」などのことで、「お取り計らいください」と言った場合は、相手に「ものごとがうまくいくように対処（検討）してください」とお願いする言葉となります。感謝やお礼の気持ちを伝える際に「お取り計らいくださり、誠にありがとうございました」といった形でも使われます。

03 品よく相手を立てる言い回し

円滑なコミュニケーションのためには、「相手を立てる」ことも重要です。適切な表現で、わざとらしくなく自然に相手を立てることができれば、おのずと大人の品格も身についてきます。

受け取ってください ➡ ご笑納（しょうのう）ください

相手を立てつつ フランクなニュアンスも

「ご笑納ください」は、「たいしたものではないので、笑ってお納めください」という意味。ただし、謝罪の品を贈るシリアスな状況で用いるのは厳禁。また、相手と一緒にした仕事の成果品、贈り物の中に相手の写真が含まれている場合などで使うのもNGです。

忘れてください ➡ ご放念(ほうねん)ください

「気にしないで」と丁寧に伝える

「放念」とは、「念(気持ちや思い、注意など)」を「放す」ことで、「気にかけない(心配しない)」「忘れる」といった意味。相手に忘れてほしい、気にしないでほしいと伝える時に、この「ご放念ください」を用います。「お忘れください」「お見捨ておきください」といった言い換えも可能です。

一緒に行きます ➡ お供させていただきます

目上の人などにつき従うこと

「お供」は、目上の人などにつき従って行くこと。上司などからの誘いを受けた際に「お供させていただきます」と自然に答えると、好印象を与えられます。仕事ではない、食事などの時は「お相伴します」(▶ p43)でもいいでしょう。似たような言葉に「ご一緒します」があります。

04 品よく同意を表す言い回し

同意を求められることは日常的によくあるため、ついうっかり「そうだね」「確かに」「なるほど」などと軽く応じてしまいがち。目上の人から同意を求められた際は、以下のような大人の言葉づかいを心掛けましょう。

そのとおりです ➡ おっしゃるとおりです

相手の発言に敬意を表す

「仰（おっしゃ）る」は「言う」の尊敬語で、相手の発言に敬意を表した表現。「おっしゃられる（た）」という言い方もよく聞きますが、これは尊敬語「おっしゃる」に、さらに尊敬を表す助動詞「れる」を重ねた二重敬語のためNGです。

それでいいです ➡ 異存（いぞん）はございません

反対ではないことを丁寧に伝える

「異存」は「他と異なった意見」のことで、「反対の意見」「不服な気持ち」などの意味でも用いられます。また、「ございません」は「ない」の丁寧語。同意や了承の意をもう少し軽く伝えたい場合は、「そちらでよろしいかと存じます」「承知しました」「かしこまりました」などと言っても良いでしょう。

そうです ➡ 左様（さよう）でございます

丁寧に同意を伝える表現

「左様でございます」は、「そのとおりです」と相手の話を肯定する表現。「左様」はもともと、「左様（然様）なり」という形で「そのとおり」を意味する古語で、適した場で使用すれば丁寧かつ頼もしい印象を与えられます。「左様ですか」と言った場合は、「そうですか」という相づちの意味になります。

05 忘れた時や断る時の言い回し

失敗は誰でもするものですが、その失敗を適切な言葉で、どのようにフォローするかは“大人力”の見せどころといえるでしょう。また、期待に沿えず断る時の言葉づかいも、継続した関係づくりのために必要なスキルの一つです。

忘れました ➡ 失念(しつねん)しておりました

何かを忘れた際に謝罪とともに用いる

「失念」は「うっかり忘れること」で、「失念しておりました。誠に申し訳ございません」と、謝罪で用いられることが多いです。「うっかり」というニュアンスが入るので、他人、特に目上の人に「部長がご失念された」と使うのはNGです。

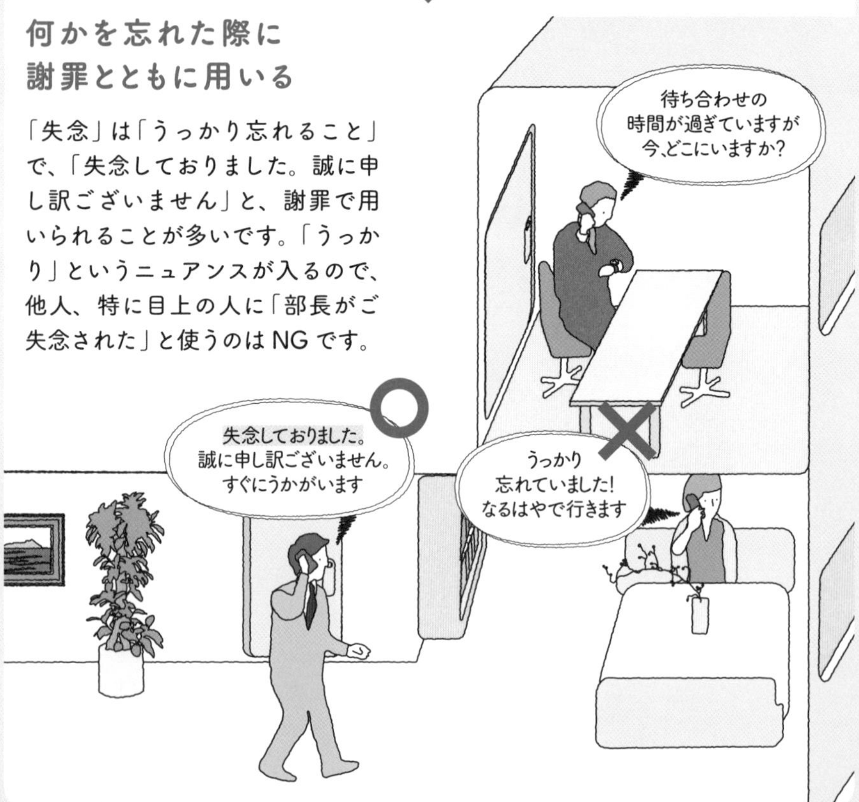

都合が悪く ➡ あいにく（生憎）

都合の悪い状態にあることを表す

都合の悪い状態にあり、個人的に無念である心境を「あいにく」と言います。時間の都合がつかない時に「あいにく、その日は先約がありまして」と言ったり、相手の提案を断る際に「あいにく、すでに調達先が決まっておりまして」などと用いたりします。相手への気づかいがにじみます。

事情がありできません ➡ お汲み取りください

事情があることを察してもらう

「汲み取る」には、「液体を汲んで取り出す」という意味のほかに「相手の心情や事情を推しはかる」「暗黙のうちに察する」などの意味があります。「お汲み取りください」と言った場合は、「この場では言いづらく詳しくは説明しませんが、事情があることを察してください」といった意味になります。

06 相手を気持ちよくさせる言い回し

大人の社交では、目上の人と話す際に“相手を立てる”ことも求められます。その際、最も簡単な方法が言葉によるものです。適切な言葉で相手に敬意を表現できれば、大人としてステップアップできるはずです。

手加減してください ➡ お手柔らかに

自分を下げて相手を敬う表現

「お手柔らかに」という言葉は、相手に「手加減してください」「やさしく相手してください」といった意味で用いられます。自分のことを下げて、相手の実力や人柄に敬意を表すというニュアンスも含む表現です。

もらう（いただく）➡ 賜（たまわ）る

古風な言い方で くれた人への敬意を示す

「賜る」には、「もらう」の謙譲語と「与える」の尊敬語という２つの意味があります。「もらう」の謙譲語の場合は、「目上の人からいただく（頂戴する）」という意味になり、「与える」の尊敬語として使う場合は、「目上の人が目下の人に与える（下賜する）」という意味になります。

うれしいです ➡ 冥利（みょうり）につきます

もともとは 仏教用語

「冥利」は仏教用語で、「神や仏によって与えられている幸せや恩恵」のこと。転じて、「冥利に尽（つ）きる」と言った場合は、「その立場や状態により受ける恩恵が多く、ありがたい」「これ以上の幸せはない」という意味でも用いられます。

07 品よく主張する際の言い回し

時には目上の人に自分の意見を伝えなければならない場面もあります。その際は、一方的な主張になったり、押しつけがましくなったりしないように、ふだん以上に言葉づかいに気をつける必要があります。

率直(そっちょく)に言うと ➡ ありていに言えば

「ぶっちゃけ」とほぼ同義

「有(あ)り体(てい)」とは、「ありのまま」「うそ偽りのないこと」を意味します。「ありていに言えば」と言った場合は、「率直(ありのまま)に言うと」「本音を言うと」といった意味になります。若者言葉で言うところの「ぶっちゃけ」とほぼ同義です。

これでも一応 ➡ はばかりながら

謙虚な姿勢を示しつつ自分の主張を述べる

「憚(はばか)る」とは、「差し障りを感じてためらう」「気がね(遠慮)する」といった意味です。「はばかりながら」と言った場合は、謙虚な姿勢を示しつつ「生意気な言い分かもしれませんが」「遠慮すべきことかもしれませんが」といったニュアンスを伝えることができます。

はっきり言いますと ➡ 単刀直入(たんとうちょくにゅう)に申し上げますと

刀一本(単刀)で切り込むこと

「単刀直入」とは、刀一本、つまり単身で敵陣に切り込むことを意味する言葉です。ビジネスシーンなどでは、前置きを省いてすぐに本題に入る際や、遠回りせずに問題の核心を突く発言や提案などをする際に「単刀直入に申しますと」といった形で用いられます。

08 奥ゆかしさを感じさせる謙遜の言い回し

ちょっとした発言の際も、奥ゆかしさを感じさせる言葉づかいができると、相手はあなたに感心し、好意を持ってくれるはずです。大人同士の良い関係を保つ極意は、こうした細部に宿っています。

つまらないものですが ➡ 心ばかりの品ですが

心がこもっているだけのものですが

かつては手土産などを差し出す際に「つまらないものですが」と言うのが一般的でした。現在は「心ばかりの品ですが」のほうが適切とされます。単に“つまらないもの”でなく、「ほんの気持ちですが」と心を込めているニュアンスが伝えられます。

当たり前のことですが ➡ 月並みですが

新鮮味がなく当たり前のこと

「月並み」とは、もともと「月例（毎月決まって行われること）」の意で、転じて「新鮮味がなく、ありふれていて平凡なこと」を指す言葉として用いられるようになりました。「月並みですが」と言った場合は、「平凡なことですが」「よくあるあいさつになってしまいますが」といった意味になります。

ずうずうしい ➡ 差し出がましい

お願いや提言の際に用いるクッション言葉

「差し出がましい」とは、「必要以上に他人のことにかかわろうとすること」「でしゃばること」などを意味します。「差し出がましいようですが、論点がズレてきているようです」などと、お願いや提言をする際にクッション言葉として用いることが多い表現です。

Chapter 2

Check!

敬語の基本②

特別な言い方に変わる敬語

動詞の中には、敬語表現になると別の言葉に変わるものがあります。
ここでは、日常でよく使われる動詞の敬語表現を紹介します。

日常語	尊敬語	謙譲語	丁寧語
会う	—	お目にかかる お目もじが叶う	会います
あげる やる	賜る、くださる	差し上げる	あげます
もらう 受け取る	お受けになる	いただく、 頂戴する、賜る	もらいます
思う	思し召す、 お思いになる	存ずる	思います
言う	おっしゃる、 仰せになる	申し上げる、 申す	言います
行く	いらっしゃる、 おいでになる	参る	います
いる	いらっしゃる、 おいでになる	おる	行きます
確認する	お改めになる	—	確認します

日常語	尊敬語	謙譲語	丁寧語
借りる	—	拝借する、 お借りする	借ります
聞く	お耳に入る	伺う、拝聴する	聞きます
聞かせる	—	お耳に入れる	聞かせます
着る	召す	—	着ます
来る	いらっしゃる、 お見えになる、 お越しになる、 おいでになる	参る、伺う	来ます
知る	ご存じである	存じ上げる	知っています
死ぬ	お亡くなりになる 逝去される	—	死にます
する	なさる	いたす	します
訪ねる （訪ねてくる）	いらっしゃる お見えになる	伺う、上がる、 参上する、 お邪魔する	訪ねます
食べる	召しあがる、 あがる	いただく、 頂戴する	食べます
見る	ご覧になる、 ご覧くださる	拝見する	見ます
見せる	—	ご覧に入れる、 お目にかける	見せます

Chapter

3

GOIRYOKU
mirudake note

仕事で「できる人」と思われるフレーズ

ビジネスシーンでは、
適切な日本語を使えないと
信頼を損ないます。
よく使われる外来語に
ついても同様です

豊富な語彙力が最も活かされるのがビジネスシーンです。初対面の人と会った際の第一印象、営業トーク、プレゼンテーション、そして謝罪や反省など、さまざまなシーンで“語彙力”はあなたを助けてくれます。本章後半では、知らないと恥ずかしい外来語も紹介します。

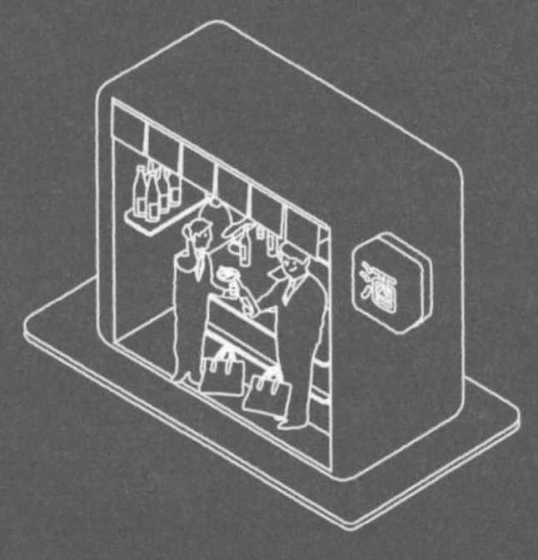

01 仕事で「できる人」と思われるフレーズ（基礎編）①

ビジネスシーンでは、言葉一つで、あなたが「できる人」と思われるか、「残念な人」と思われてしまうかが決まってしまうことも。たとえば、このページの例のように相手を「暇」扱いする言い方は無神経です。

暇な時に ➡ お手すきの折に

相手への配慮を示す言葉づかい

「お手すき」は一段落ついた状態を指す言葉で、「手がすいた時にでも」といった意味を表します。目上の人に使うことが多い言葉で、「ご多用とは存じますが」などのクッション言葉をはさむと、より相手に配慮した言葉づかいになります。

大変ですね ➡ お察しいたします

相手の心中や事情を推しはかる

「お察しします」の「察する」は「人の心の内やものごとの事情を推しはかる、思いやる、同情する」という意味を持つ動詞です。「お察しください」という場合は、「私の状況や胸の内を推しはかってください」という意味になります。相手に察する力があると見込んだ頼み方です。

受け取ってください ➡ ご査収（さしゅう）ください

調べて収めるという意味

「査収」とは、「金品、物品、書類などをよく調べて受け取ること」を意味します。単に「確認」というのと同じ意味で使われることがありますが、「査収」は本文と別に受け取る物がある場合に使う言葉で、添付ファイルがあるメールや資料同封の手紙などに使われます。

02 仕事で「できる人」と思われるフレーズ（基礎編）②

ビジネスシーンでは、上司から急な用事を頼まれることが多々あります。そんな時に丁寧な返事ができる人は、そうではない人よりも篤い信頼を得ることができるばかりか、職場で一目置かれるでしょう。

どうでしょうか ➡ いかがでしょうか

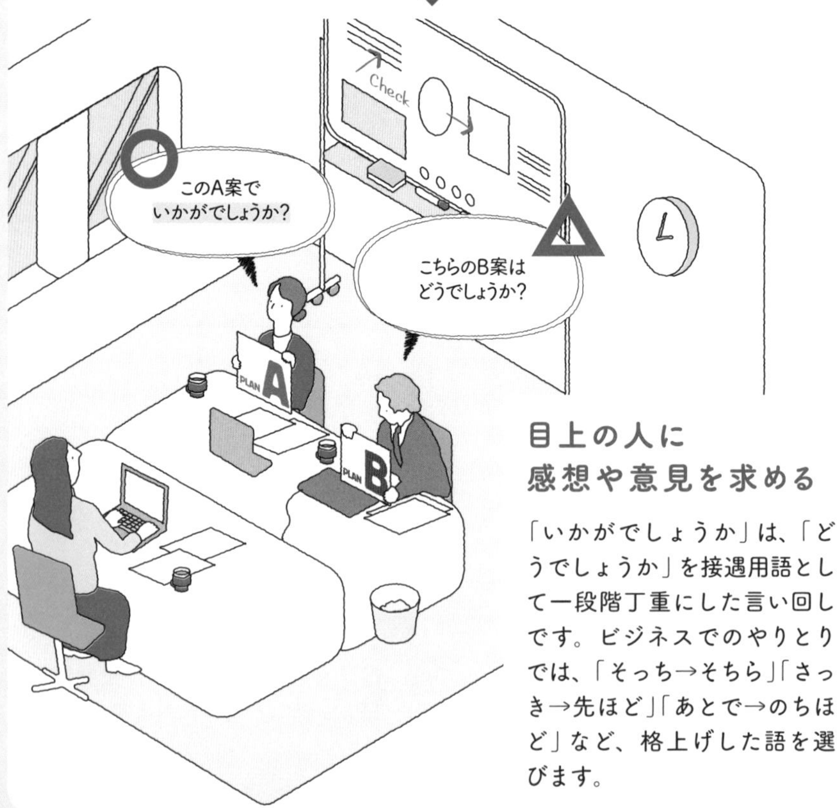

目上の人に感想や意見を求める

「いかがでしょうか」は、「どうでしょうか」を接遇用語として一段階丁重にした言い回しです。ビジネスでのやりとりでは、「そっち→そちら」「さっき→先ほど」「あとで→のちほど」など、格上げした語を選びます。

やります ➡ お安いご用です

依頼に対して気軽に応じる

「お安いご用」は、相手が頼みごとをしてきた際に、気負わせないように返事する言い回しです。つまり苦にならず大丈夫である範疇（はんちゅう）だと伝える表現。ちなみに、用事を頼む本人が相手に向かって「お安いご用だよね」と決めつけて使うのは失礼。この言葉は、あくまで頼まれた側が使う言葉です。

ご苦労さまです➡ お疲れさまです。お先に失礼します

目上の人に「ご苦労さま」は避ける

「お先に失礼します」は、相手より先に退出する時に使う表現で、「先に帰るという失礼を許してください」といった意味。同じような場面で「ご苦労さまです」と声をかける人もいますが、これは自分と同等か目下の人に使う言葉だと受け取る人が多いので、上司に対して使うのは避けましょう。

03 使いこなせると一目置かれるフレーズ

ビジネスシーンでも日常でも、ちょっと気の利いた言葉づかいができるとスマートな印象を与えられ、あなたを見る周りの目も変わってくるはず。ここでは印象を１ランクアップできる語彙を紹介します。

いろいろと考えてみたところ ➡ 勘案（かんあん）してみたところ

あれこれを考え合わせること

「勘」は「つき合わせて調べる」こと、「案」は「考える・調べる」こと。「勘案」は「あれこれを考え合わせること」を意味します。ほかに、和語で「～に鑑（かんが）みる」があります。「前例に鑑みて、外部の方はお断りします」などと使います。

とりあえず ➡ さしあたり

結論をとりあえず回避する時の表現

「さしあたり」には「先のことはともかく」「今しばらくの間」「当面」などの意味があります。漢字では「差し当たり」と書き、先のことが確定していない場合に使われます。決定的な結論を回避する時に便利に使えます。ほかに「暫定的に」「当座は」などの言い方も。

うまくいくよう努力します ➡ 善処(ぜんしょ)いたします

状況に応じて適正な対処をすること

確実な結果は保証できないが、自分としては良い結果を目指して努力します、という時に使うことができるフレーズです。ただし、国会答弁などで、やる気もないのにいい加減に「善処します」と答えている例もあり、実効性をきちんと示すことが欠かせません。

04 ビジネスシーンでさらりと使いたいフレーズ

ビジネスシーンでは、言葉の選び方によって誠意や情熱を感じさせたり、客観的な分析力を示したりすることができます。それ次第で、あなたの印象が左右されることも。

一つにまとめます ➡ 一元化（いちげんか）します

バラバラに分かれた問題などを統一する

「一元化」は、複数に分かれている組織や機構、問題などを統一すること。たとえば似たような業務を複数の部署で行っている場合などに「効率化のためにも、この業務は〇〇部に一元化すべきではないでしょうか？」などと用います。

担当を任される ➡ お役目をいただく

務めに対して相手を敬う表現

「お役目」は、もともと「公(おおやけ)から命じられた務め」のこと。仕事を任された際に「お役目をいただく」と言うと、責任感を持って果たさなければいけない仕事という語感が出るので、任されて張り切っている感じが伝わります。

まあまあ ➡ 及第点(きゅうだいてん)

ギリギリの合格ライン

「及第点」とは、合格基準を満たしているということですが、「満点」とはいかず、もっぱら最低限の基準を満たしている状態というニュアンスです。つまり「普通」や「平凡」といった意味です。「ギリギリ合格ラインだが、たいしたことはない」というのとほぼ同義のため、目上の人や取引先の仕事や実績に対して「及第点」を使うのはご法度です。

05 スマートに気持ちを伝えられるフレーズ

自分のやる気をアピールしたり、相手に共感や心配をしていることを伝えたりする感情のこもった表現も、ビジネスシーンでは時に必要とされます。ここぞという場面で使えるフレーズを身につけておきましょう。

がんばります ➡ 精進（しょうじん）いたします

「がんばる」ことをスマートに表現

「精進」はもともと「仏道修行に励むこと」「心身を清め行いを慎むこと」の意味でしたが、転じて「一生懸命に努力すること」「一つのことに精神を集中して励むこと」の意味で用いられます。ほかに、「尽力します」「全身全霊をかけて取り組みます」など。

残念です ➡ 誠(まこと)に遺憾(いかん)です

起こったことを残念に思う気持ち

「遺憾」は「ものごとが思いどおりに運ばず、心残りで残念である」という意味。政治家などが謝罪や釈明に用いる言葉というイメージがありますが、本来は「起こったものごとを残念に思い、許せない気持ち」を伝える時に用いる言葉です。謝罪に使うと、過失を他人事のように受け止めている無責任な印象になります。

それはつらいですね ➡ ご心痛(しんつう)のほどお察しします

苦しむ相手に寄りそう言葉

「心痛」は、「心配して深く思い苦しむこと」「胸が痛くなること」という意味。「ご家族のご心痛、いかばかりかとお察し申し上げます」などと、お悔やみ言葉として用いられることも多いです。同じように使われる言葉に「心中お察し申し上げます」があります。

3 仕事で「できる人」と思われるフレーズ

06 心からの反省を訴えるフレーズ

仕事で失敗をして謝罪をする時に、どんな言葉を選ぶかはとても重要です。基本は、ふだんよりも数段かしこまった言葉を使います。選んだ一言で誠意を伝えられることもあれば、相手を逆なでしてしまうこともあるので、ご注意を。

自分のせいです ➡ 不徳（ふとく）の致すところです

自分の過失や責任を表す

「不徳」とは、身に徳が備わっていない（足りない）ことを指します。これに「する」の謙譲語「致す」を足して「不徳の致すところ」と言った場合は「自分の人格上の欠点・未熟が原因で問題を引き起こした」という意味になります。

言い訳できません ➡ 弁明（弁解）の余地もございません

言い訳しようのない状況

「弁明」は、「説明を通して事情などを明らかにすること」「他人の非難などに対して、言い開きをすること」という意味。「弁明の余地もございません」と言った場合は、「何の釈明もできないほど、完全に自分の落ち度である」と責任を認める意味になります。

申し訳ございません ➡ 謹んでお詫び申し上げます

お詫びの気持ちを丁寧に伝える

この「謹んで」は、「謹賀新年」の「謹」の使い方と同じで、相手にうやうやしく臨む、へりくだった姿勢を言います。ビジネスシーンでは、謝罪を正式にする際のほか、指示や辞令などをかしこまって受け取る時にも「謹んでお受けします」と言います。

07 失敗をお詫びする時に使いたいフレーズ

ピンチの時こそ、相手を納得させる適切な表現が要求されます。お詫びの言葉一つを取っても、学生と社会人では異なってきます。ピンチをチャンスに変えるのは、最初のお詫びの言葉だと言っても過言ではないでしょう。

しかたなく、つい ➡ 心ならずも

「本心ではない」ことを表明

「心ならず」は古くから使われている表現で、「本心ではない」「うっかり」「不本意にも」といった意味になります。言葉の綾ややむを得ない事情で、よくない言動をしてしまった時の釈明の言葉です。

ミスをして恥ずかしい ➡ 顔向けできない

恥ずかしさと申し訳なさ

恥や申し訳ないという感情が強すぎて、人に顔を見せることすらはばかられるというところから「顔向けできない」という表現が生まれました。ほかにも「合わせる顔がない」「身の縮む思い」「身の置きどころがない」など、同様の意味を持った言葉があります。

許してください ➡ ご寛恕賜りたく存じます

相手の「広い心持ち」への期待

「恕」には「思いやり」「同情」といった意味があります。そして「寛」は、訓読みでは「ひろい」「くつろぐ」と読みます。「寛恕」には「度量広く、思いやりの深いこと」「ひろい心で許すこと」といった意味があり、謝罪やお詫びの時に相手を立てつつ許しを乞う言い回しです。

08 今さら聞けないビジネス用語①

グローバル化やデジタル化が進み、ビジネスシーンでは次から次へと新しい用語が登場しています。わかったふりをしているけれども、実は意味を知らないビジネス用語はありませんか？ しっかりと理解しておきましょう。

イノベーション

発展のための技術革新

「革新する、刷新する」という意味の動詞「innovate」の名詞で、ものごとの「新機軸」「新しい切り口」などの意味を持つ言葉。「技術革新」の意味で使われることが多いですが、経営や組織の改革、市場の開拓や創出などの意味でも用いられます。

フェーズ

「段階」や「局面」を表す

英語で書くと「phase」で、日本語では「段階」「局面」などと訳されます。ビジネスシーンでは、多くの場合「変化する過程の一区切り」という意味で使われます。「第１フェーズ」「第２フェーズ」といった形で、中期的な目標を設定する時に用います。

ニッチ

規模の小さい市場のこと

「隙間」を意味する英語で、もともとは西洋建築で彫像や花瓶を置く壁のくぼみ（壁龕〈へきがん〉）を指す言葉でした。現在、ビジネスシーンでは主に「隙間」の意味で用いられ、大手企業が手を出さない小規模分野の産業を「ニッチ産業」と呼んだりします。

エビデンス

「証拠」や「根拠」の意味

「証拠」「確証」「証言」「形跡」を意味する英単語「evidence」に由来。一般的なビジネスシーンでは発言や提案の証拠や根拠などを示す言葉として使われています。また、医療分野では根拠となる論文や実験データという意味で用いられます。

アーカイブ

情報を整理して保管すること

「保管所」「保存記録」と訳される英単語「archive」が語源。資料やデータの保管やその実施期間、または保管された資料そのものを指します。最近では、ライブなどの配信で、後日でも見ることのできる配信を「アーカイブ配信」という例も。

09 今さら聞けないビジネス用語②

IT 用語や経営学のキーワードは、初めはピンとこなくても、言葉の意味を理解して何度も耳にしたり目にしたりするうちに、徐々に使い方がわかるようになります。思考の枠も広がりますので敬遠せずに興味を持ってみましょう。

ソリューション

元来の意味は解明や解決

「解決すること」「解答を出す」という意味の名詞。企業がビジネスやサービスについて抱えている問題や不具合を解消することや、そのために提供される情報システムのことを指します。また、問題解決に向けての取り組みそのものを指すこともあります。

コミットメント

略して「コミット」とも

「コミットメント」は「かかわりあうこと」という意味。「委任」「責任を持った約束・公約・確約」「責任を持つ介入」「肩入れ」「言質（げんち）」といった意味も持ち、総じて責任を帯びるニュアンスが強い言葉です。省略して「コミット」とも使われます。

フレキシブル

型にはまらず臨機応変に

「柔軟性がある」「融通がきく」という意味を持ち、ビジネスの場面で頻出します。柔軟な姿勢、対応に対して使われることが多い言葉です。「フレキシブルに対応してください」と言う場合は、「融通をきかせてほしい」という意味合いが強くなります。

ステークホルダー

企業に関連する利害関係者

企業などが活動を行うことで影響を受けることになる、株主や経営者、従業員、顧客、取引先などの利害関係者のこと。利害が一致している人だけでなく、強い影響を受ける関係者全般を指し、さまざまな配慮が必要になってきます。

コンプライアンス

近年、重要性が増す概念

「法令遵守（じゅんしゅ）」と解釈されることが多い用語です。ただし、単純に「法令を守ればいい」というだけでなく、「法律として明文化されてはいないが、社会的ルールとして認識されている基準に従って企業活動を行う」という意味も含まれます。

10 今さら聞けないビジネス用語③

新しいビジネス用語やIT用語を覚えたら、実際に使ってみましょう。もちろん、言葉によって状況や関係性を踏まえないと、独りよがりになってしまうので、TPOに合わせて使う必要があります。

コンセンサス

意見の一致や合意のこと

「全員、または複数人の意見が一致している」こと。政治家が「国民のコンセンサス」と言う場合は、「ある政策に対する有権者の理解」を意味し、「医学的コンセンサス」と言った場合は、専門家たちの知識と根拠に基づいた総意という意味になります。

インセンティブ

労働意欲向上のキーワード

「奨励」「褒賞」などを意味する英語「incentive」に由来。労働意欲の向上のために与えられる刺激（動機付け）のことで、販売目標やノルマ達成などの出来高で報奨金を与えることが一般的。金銭のほか、旅行や商品券などが支給される企業もあります。

サステナブル

「SDGs」でも話題のワード

「持続可能な」という意味。近年、国連で採択された「SDGs（Sustainable Development Goals＝持続可能な開発目標）」で注目を集める概念です。ビジネスシーンでは、特に環境保全に役立つ事業や環境に配慮した開発、個人の行動などに対して使われます。

サブスクリプション

略して「サブスク」とも

「ネットフリックス」などの動画配信や「スポティファイ」といった音楽配信によって浸透したサービスの総称で、略して「サブスク」とも。「定額制のサービス」という意味で、古くは雑誌や新聞の年間購読もこれに当てはまります。

ダウンサイジング

サイズや規模を縮小すること

サイズ（規模）を小さくすること。製品の場合は小型化、組織の場合はコストや人員の削減、効率化など、さまざまなものごとに当てはめて使われます。また美容業界やフィットネス業界では、スリムになって着る服のサイズが小さくなることを指します。

Chapter 3

Check!

まだまだある!

押さえておくべき外来語

ビジネスシーンで一般的に使われる外来語はまだまだあります。上司の指示や会議などでいきなり外来語が出てきても慌てないように、基本的なワードは覚えておきましょう。

IR	インベスター・リレーションズ（Investor Relations）の略で、企業による投資家向けの情報配信および広報活動のこと。
アサイン	割り当てる、指名する、配属するなどの意。主に特定の事業に人員を割り当てることや、個人に対して仕事を割り振ることを指す。
アジェンダ	計画、予定表、議事日程などの意。主に会議やプロジェクトを始めるうえで、やるべきことを最初にまとめたものを指す。
アライアンス	相互利益のための同盟関係、または同盟を結ぶこと。ビジネスシーンでは、主に企業同士の提携や共同事業を行うことを指す。
イシュー	論点、課題などの意味で、考えるべき、議論すべきテーマのこと。イシューツリー、イシューブランディングなどの関連用語がある。
ASAP	「as soon as possible」の略で「できるだけ早く」という意味。ビジネスシーンでは「エーエスエーピー」「アサップ」などと言う。
OEM・ODM	OEMは生産者が発注企業のブランド名で製品を生産すること。ODMは生産者が発注企業のブランド名で製品の開発から設計、生産までを手掛けること。
OJT	「On-the-Job Training」の略で、職場内において管理監督者の責任のもとで行われる教育訓練全般を指す。部下の指導や育成と同義で用いられることも。
クロージング	営業用語で最終的な契約を締結することや、それに至るまでの会話や流れのこと。または。株式譲渡、事業譲渡などの一連の取引が完了することを指す。

コア コンピタンス	特定の企業が顧客に対して提供するサービスの中でも、競合他社が真似できないほどの高いレベルの能力、核となる力のこと。
コーポレート ガバナンス	経営に関する用語で、企業の価値を高め、公正な経営を行うための規律や規範、投資家に対する公正な配分などを指す。
サードパーティ	「第三者」の意。日本ではIT分野で使われることが多く、主に他社のOSや機器などに対応する製品を作っているメーカーを指す。
サンクコスト	企業が事業に投資した資金のうち、事業の撤退・縮小を行ったとしても回収できない費用のこと。埋没費用とも言う。
CSR	企業が事業活動において利益を優先するだけでなく、さまざまなステークホルダー（▶p77）との関係を重視しながら果たす社会的責任のこと。
シェア	市場占有率のこと。または「共有する」という意味で、自分の持つ情報や資料を人に渡す時に「シェアする」などと言うこともある。
シナジー（効果）	相乗効果の意。一般的には、2者以上が提携や協調することによって高い効果をもたらすという意味で使われる。
スキーム	計画、企画、体系、枠組みなどの意。ビジネスシーンでは「計画を伴う枠組み」の意で用いられ、事業の手法という意味で「事業スキーム」などと言う。
スケール メリット	事業規模が拡大することで販売する商品やサービスの限界費用が小さくなること。つまり、経営規模が大きいほど生産性や経済効率は向上する。
セグメント	部分、断片、分割などの意で、全体をいくつかに分割したうちの一つのこと。マーケティングにおいては、購買行動が似通った顧客層の集団を指す。
デフォルト	標準設定、初期設定などの意味。IT業界では「既定値」の意味で、金融業界では法令用語である「債務不履行」の意味で使われることが多い。
ドラスティック	徹底的かつ過激なさま、思い切ったものであるさまを表す。「ドラスティックな市場の変化」「ドラスティックな改革」といった形で用いる。
トレードオフ	二律背反の意。2つの目的があり、どちらか片方を追求する場合には、他方を犠牲にする必要があるという状態のことを指す。
ナレッジ マネジメント	企業内の知識や情報を組織全体で共有し、有効に活用することで業績の向上を図る経営手法。「知識管理」「KM」などとも言う。
フィードバック	結果について伝達するだけでなく、結果を導くための計画立案や実践行動の反省点についての情報を伝達すること。

Chapter 4

GOIRYOKU
mirudake note

言いづらいことを角を立てずに伝える語彙力

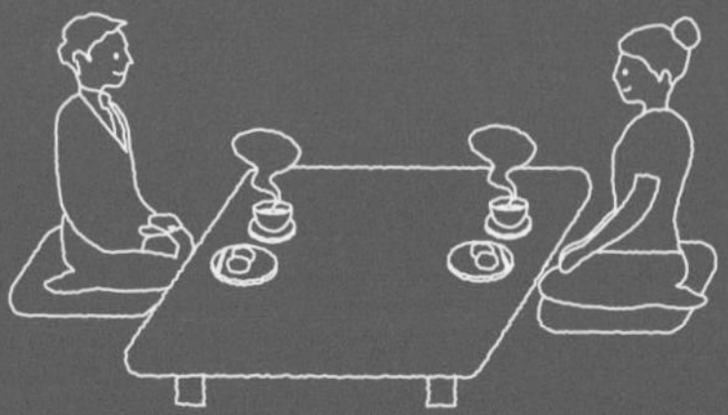

ピンチの時こそ、語彙力が
あなたを救ってくれます。
相手をいたわり、自分を守る
表現を身につけましょう

社会生活においては、時に言いづらいことを言わなくてはならない場面もあります。また、人生において失敗はつきものであり、それをいかにリカバーするかも社会人としての重要な能力の一つです。言いづらいことを伝える時こそ、心からの言葉を尽くしましょう。

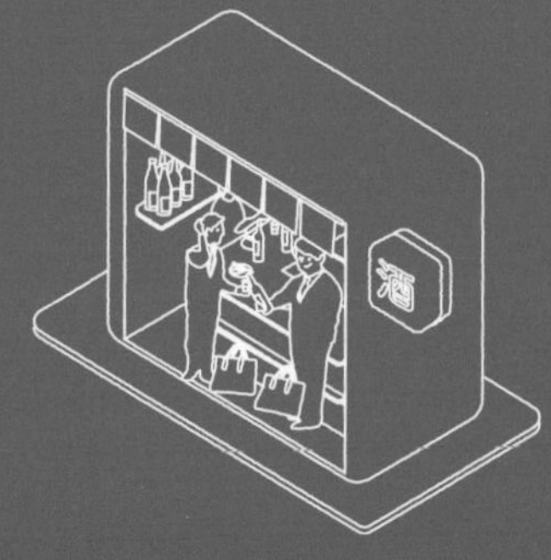

01 言いづらいことを角を立てずに伝える語彙力（基礎編）①

仕事などでは、上司やお客の提案や誘いを断らなければならない場面があります。そんな時に、相手を不快にさせたり印象が悪くならないような言葉づかいを覚えておくと役立ちます。

しかたなく ➡ よんどころない事情

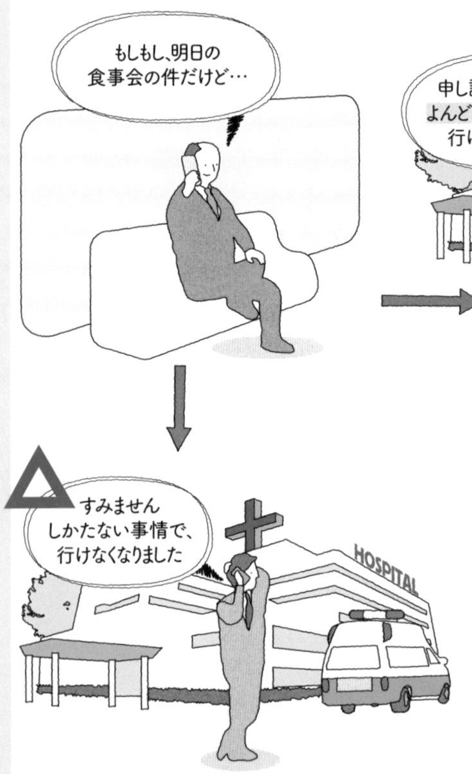

そうするより しかたがない

「よんどころ」とは「よりどころ（頼りにするもの）」が変化した言葉で、「よんどころない」は「そうするよりしかたがない。やむを得ない」という意味。目上の人との予定をキャンセルしなければならない時などに使えます。

その日は無理です ➡ あいにく都合がつきません

都合が悪く相手の期待に沿えない

「あいにく」は、「都合が悪くて相手の期待に沿えない残念な状況」を表す言葉。また、「あいにく都合がつきません」と言えば、こちらに非があるわけではないけれども、期待に沿えないことを軽く謝罪するようなニュアンスが含まれます。

できません ➡ いたしかねます

実行が困難であることを婉曲（えんきょく）的に表現

「いたす」は「する」の謙譲語です。実行が困難であることを婉曲的に表現する「かねる」と丁寧語の「ます」を加えることで、「いたしかねます」となりますが、これは、力を尽くして行おうとしても行うことが困難であるという意味になります。

02 言いづらいことを角を立てずに伝える語彙力（基礎編）②

言いにくいことも、どんな言葉を使うかで相手が受け取る印象はずいぶん変わります。相手を不快にさせない、ちょっとした言葉の言い換えを身につけておくのも、大人のコミュニケーション・マナーです。

失礼ですが ➡ ぶしつけながら

自分の発言や行動に対して用いる

「不躾（ぶしつけ）」とは「礼を欠く」という意味。「ながら」には「〜ですが」「〜にもかかわらず」という意味があり「ぶしつけながら」と言うと、「礼を欠きますが」「失礼ではありますが」という意味になります。主に自分の行動や発言に対して使うことが多い言葉です。

言うまでもない ➡ 言わずもがな

言わないほうがいいこと、言う必要のないこと

「言わずもがな」は、「言う」の打ち消し表現に、願望を表す助詞の「もが」、感動の助詞「な」が合わさってできた古語の連語。「言わないほうがいいことを相手に指摘する時」や、「言う必要のないことを省略する時」などに用いられます。

使い古された ➡ 手垢（てあか）のついた

新鮮味がないことを表す言葉

「手垢」とは、その名のとおり、「手の垢」という意味。「手垢のついた」とは、物を触ると手の垢がついて汚れてしまうように、「新鮮味がなくなる」という意味があります。「使い古された」と同じ意味ではあるのですが、「手垢のついた」と言ったほうが婉曲な表現として伝わります。

03 へりくだって理解や了承を求める表現

理解や了承を求める際は、へりくだって相手を立てる言葉づかいをしたほうがよい結果につながります。横柄な印象を与えないように、敬う気持ちを相手にはっきりと伝えましょう。

察してください ➡ ご高察（こうさつ）いただきたく存じます

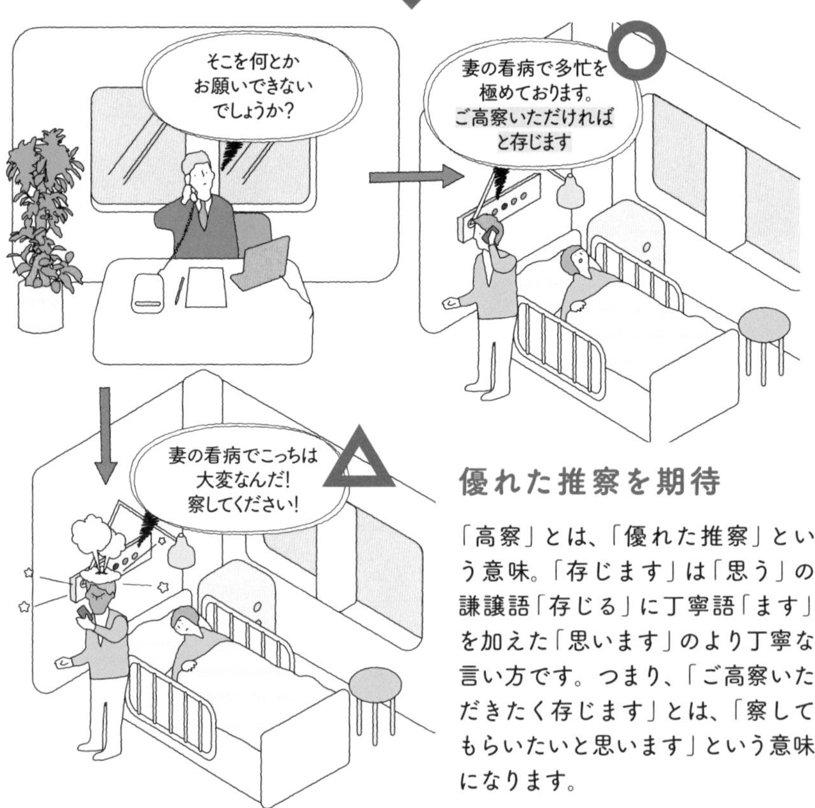

優れた推察を期待

「高察」とは、「優れた推察」という意味。「存じます」は「思う」の謙譲語「存じる」に丁寧語「ます」を加えた「思います」のより丁寧な言い方です。つまり、「ご高察いただきたく存じます」とは、「察してもらいたいと思います」という意味になります。

またまた冗談を ➡ お戯(たわむ)れを

相手をたしなめる、もしくはけん制する

「お戯れを」には、相手の言動に対して「ご冗談でおっしゃっている（なさっている）のでしょう？」と、相手を軽くたしなめる、もしくはけん制するニュアンスが含まれています。また、自分を持ち上げた相手に謙遜の意味で使用される場合もあります、角の立たない表現です。

やめてください ➡ お控(ひか)えください

相手に禁止を促す表現

「お控えください」は、相手に抑制してほしいと頼み、禁止を伝える表現です。似た言葉づかいに「ご遠慮ください」があります。「やめてください」と言うときつく響きがちなので、こうした婉曲表現を活用しましょう。

04 やんわりと断る際に便利な表現

社会に出ると、さまざまな面倒なお誘いが来るのはつきもの。それらをやんわりと断るテクニックは必須です。相手の誘いを失礼なく断ることができる便利な言葉づかいを覚えておきましょう。

ちょっと苦手でして ➡ あいにく不調法（ぶちょうほう）なもので

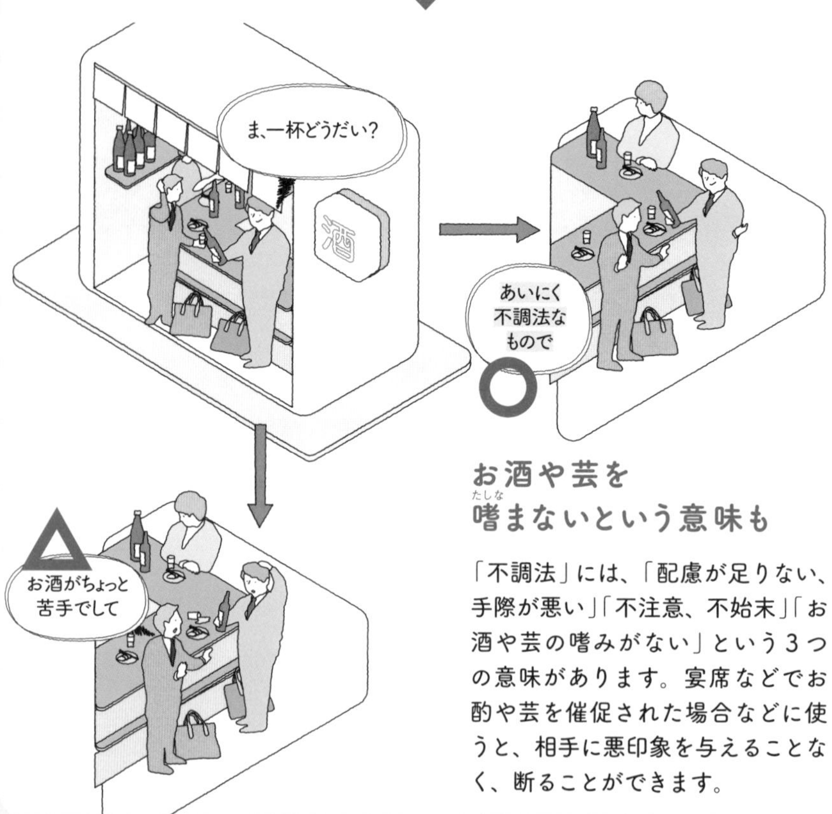

お酒や芸を嗜（たしな）まないという意味も

「不調法」には、「配慮が足りない、手際が悪い」「不注意、不始末」「お酒や芸の嗜みがない」という3つの意味があります。宴席などでお酌や芸を催促された場合などに使うと、相手に悪印象を与えることなく、断ることができます。

私には無理そうです ➡ 私には荷が勝ちます

役割が重くて自分には難しい

「荷が勝つ」は、自分の力量に比べて荷物（与えられた役割）のほうが勝つ、自分には役割が重くてその負担を負うことができないという意味。似た言葉に「荷が重い」がありますが、客観的に聞こえる「荷が勝つ」に比べて、頼まれたことから逃げたがっているような消極的なニュアンスが少し強くなります。

大目に見てください ➡ ご容赦(ようしゃ)ください

了解や許しを請う場合に用いられる

「ご容赦ください」は、「大目に見てください」の尊敬語。失敗して迷惑をかけた後というよりは、あらかじめ上司や顧客、目上の人などに了解や許しを請う場合に用いることが多いです。基本的に、部下や同僚に対して使う言葉ではありません。

05 相手に気持ちを伝える お詫びの表現

相手に迷惑をかけて謝罪しなければならない場面で言葉づかいを誤ると、相手との信頼関係を恒久的に損ねてしまう可能性があります。それっきりにならないよう、その場に適したお詫びの表現を覚えておきましょう。

お詫びします ➡ 陳謝いたします

お詫びだけでなく理由を説明する

「陳謝する」は、ただ謝罪するだけでなく、「こうした理由でこのような状態になってしまい申し訳ありません」などと、理由も述べて謝罪することを表します。似た語に「深謝」がありますが、こちらは感謝にも使います。

思い違い ➡ 心得違い

自分のことで相手に苦労や面倒をかける

「心得違い」には、「道理や人の道に外れた行いや考え方」という意味もありますが、ビジネスシーンでは、主に自分の誤解や勘違いを詫びる時の改まった言い方になっています。「早のみこみで心得違いをしていた」などと使います。

面倒をかけました ➡ お手を煩わせました

自分のことで相手に面倒をかける

「お手を煩わせる」の「手」は「作業にかかる労力」を意味し、「煩う」には「悩む」「苦しむ」「憂う」などの意味があります。そのため、「お手を煩わせる」とは「（何か自分のことで）相手に苦労や面倒をかける」という申し訳ない気持ちを表しています。

06 深い反省を伝えるお詫びの表現

「ごめんなさい」とただ平謝りするだけが謝罪ではありません。反省の意を相手に伝えるには、言葉を尽くすことが大切です。深い反省を伝えるお詫びの表現を解説します。

とても悔やまれます ➡ 痛恨の極みでございます

失敗や不運などに対する残念な気持ち

「痛恨」とは、「恨み」に「痛」を副詞的に強調するように用いて、「ひどく残念がる」「強く恨みに思う」という意味になります。「痛恨の極み」は、失敗や不運などに対する残念な気持ちがこれ以上ないほどに高まっている状態を表します。

自分のせいです ➡ 自責(じせき)の念にかられています

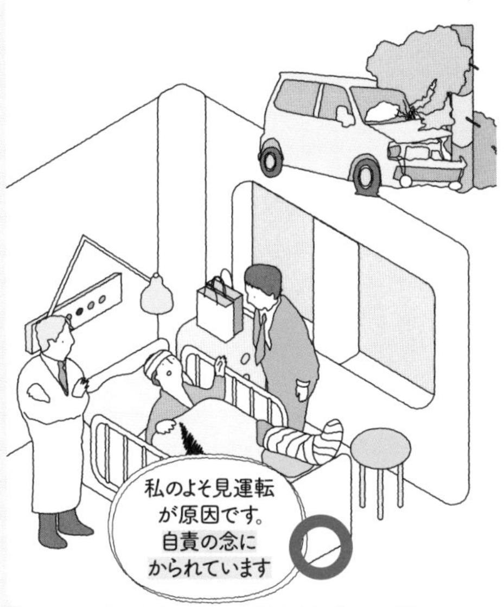

自分で自分の過ちを責める気持ち

「自責の念」には、「自分で自分の過ちを責める思い」という意味があります。また、「かられる」は、「高まった感情に動かされる」という意味。つまり、「自責の念にかられる」とは行った言動を後悔して自分自身を責める感情が高まっている状態を表しています。

申し訳ございません ➡ お詫(わ)びのしようもございません

ただの謝罪では足りない時に用いる

「お詫びのしようもございません」は、謝罪の言葉をさらに強調した言い方で、「自分の過ちが重大すぎて、そのことに申し訳ない思いが強すぎて謝罪の言葉さえも見つからない」といった意味。ただの謝罪では足りないと感じた時に使われます。

07 相手にお願いをする際に便利な表現

ビジネスの場だけなく、日常においても相手にお願いをしなければならないという状況はよくあります。そういった際に、ここで解説する表現を覚えておけば、役に立つはずです。

確認してください ➡ お目通しいただきたく存じます

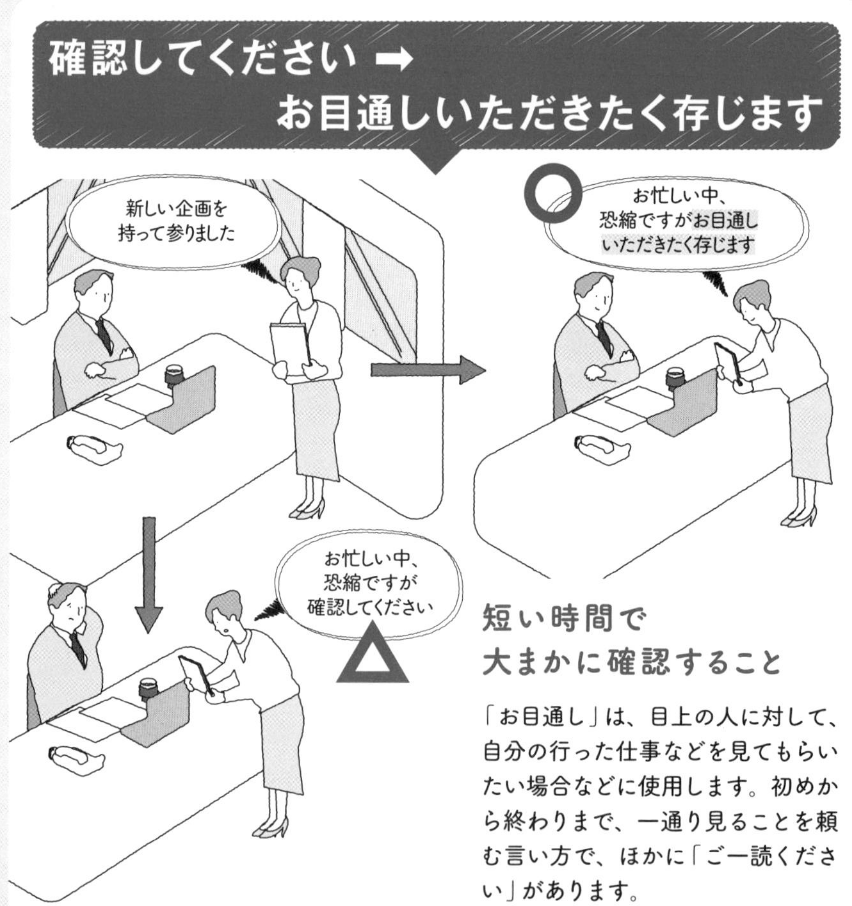

短い時間で大まかに確認すること

「お目通し」は、目上の人に対して、自分の行った仕事などを見てもらいたい場合などに使用します。初めから終わりまで、一通り見ることを頼む言い方で、ほかに「ご一読ください」があります。

知ってお いてください ➡ お含(ふく)みおきください

心に留めておいて ほしいと丁寧に伝える

「お含みおきください」は、「心に留めておく」「ある状況を考慮に入れる」という意味がある「含みおく」からできた言葉です。目上の相手に対して「すぐに何かする必要はないが、事情をよく理解しておいてください」と丁寧に伝える時に使われます。

申し訳ない ➡ 心苦しい

申し訳ないと 思う気持ち

「心苦しい」とは、「申し訳ないと思う気持ち」を表す言葉。自分のせいで相手に依頼されたことを断らなければならない時や、相手に厄介なことをお願いする時、自分のせいで相手に迷惑をかけているかもしれない時などに使用されます。謝罪する必要のないことでも、相手に悪いと思う時はこの言葉を使います。

08 依頼や意見を切り出す際の表現

依頼や意見を切り出す際に言葉のチョイスを間違えると、相手にぶしつけな印象を与えてしまいます。ここでは、コミュニケーションを円滑にする表現を解説していきます。

自慢になってしまいますが ➡ 手前味噌（みそ）ながら

自分の自慢を謙虚に行う

「手前味噌」は自信のある事柄について使う表現で、「自慢」という意味があります。「自慢」というとイメージが良くないかもしれませんが、「手前味噌」には「自慢になってしまうので申し訳ないのですが」という謙遜のニュアンスが含まれています。

言いにくいのですが ➡ 大変申し上げにくいのですが

言いづらいことを伝えるクッション言葉

「大変申し上げにくいのですが」は、相手に言いづらいことを伝えなくてはならない時や、手間をかけてしまって申し訳ない時に、言葉の前に添える「クッション言葉」の一つ。直接的かつ強制的な表現を避け、丁寧でへりくだった印象を相手に与えます。

言い方が難しいですが ➡ 語弊（ごへい）があるかもしれませんが

言い方が誤解を招く可能性がある際に使用

「語弊」には「弊害」と同じ字が使われていることからわかるように、「言葉の使い方が適切でないために相手の誤解を招いてしまう」という意味です。強調のために強い言葉を用いる時などに、前置きとして使われます。

Check!

なにかと便利な
クッション言葉

相手に何かを依頼したり、お詫びやお断りなど切り出しにくい話をする際には、印象を和らげる「クッション言葉」を使用すると、相手への遠慮や気づかいが伝わります。

依頼

恐れ入りますが

お差し支えなければ

ご多用中かと存じますが

勝手申し上げますが

申し訳ございませんが

ご都合がよろしければ
(ご都合のよい時で結構ですので)

恐縮でございますが

お手間を取らせますが

ご足労(▶p27)をおかけしますが

ご面倒ですが

お手数をおかけしますが

よろしければ

ご迷惑をおかけしますが

お詫び・お断り

失礼とは存じますが

ありがたいご提案ではあるのですが

誠に申し上げにくいのですが

お気持ちはありがたいのですが

大変恐縮ですが

お役に立てず申し訳ございませんが

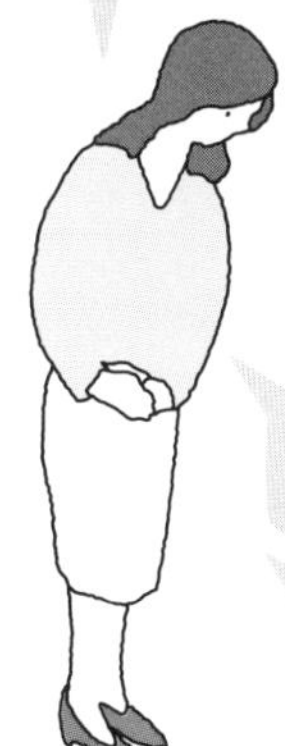

お手数をおかけしたのに恐縮ですが

ご期待に沿えず心苦しいのですが

せっかくですが

こちらとしても残念でございますが

身に余る（▶p30）お言葉ですが

残念ながら

反論

おっしゃることはわかりますが

失礼とは存じますが

差し出がましいようですが（▶p55）

ご意見はなるほどと思いますが

確かにそのとおりでございますが

お言葉を返すようですが

Chapter

5

GOIRYOKU
mirudake note

相手をうならせる慣用句と言い回し

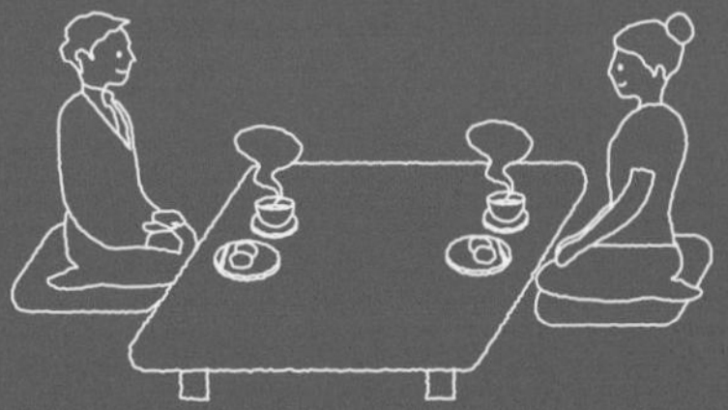

ここぞという時に
適切な慣用句を使いこなせると
相手に「語彙が豊富な人だな」という
印象を与えられます

慣用句も、語彙力に欠かせない要素の一つです。難しい慣用句をさらりと使いこなすことができれば、知性を醸し出せます。ただし、あまり難しい言葉ばかりを使っていると「堅い人」「うっとしい人」と思われてしまうので、会話の中で自然に使うように心掛けましょう。

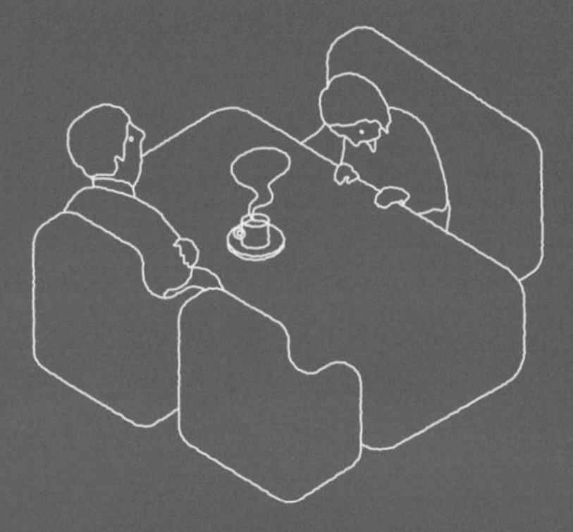

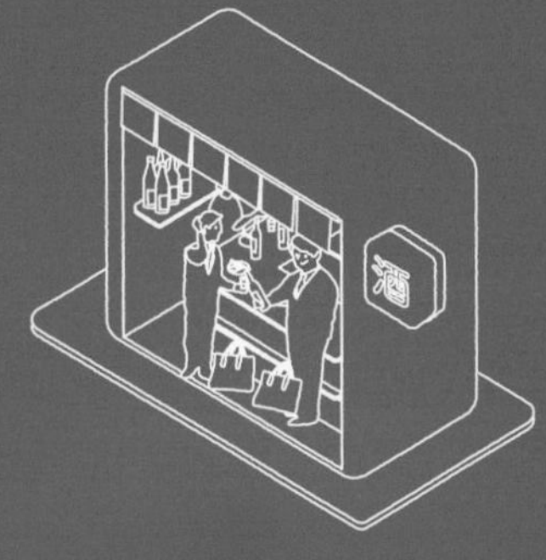

01 プレゼンで使いたい慣用句①

仕事の計画や戦略を、居並ぶ上司や取引先、顧客などの前で発表するプレゼンテーション。緊張するものですが、ありきたりの言葉だけではなく、ちょっと慣用句を使ってみると、印象や評価もよりよくなります。

一矢報いる

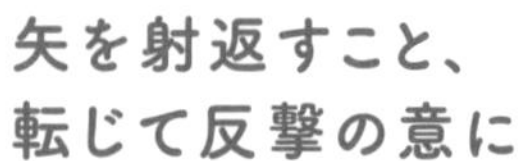

元寇（※）の際、日本は元の強大な軍事力に苦戦。その時、武将の少弐景資が元の劉復亨の左肩に矢を当てました。この故事を由来として、敵の攻撃に対して矢を射返すこと、転じて、大勢は変えられないまでも反撃（反論）することを「一矢報いる」と言うようになりました。

※元寇…鎌倉時代、中国を支配していた元（モンゴル）軍による日本への侵攻のこと。

布石(ふせき)を打つ

もともとは 囲碁用語

本来は囲碁用語で、「布」は「配置する」という意味、「石」は「碁石」のことで、序盤に全体の局面を踏まえて石を打つことを言います。そこから転じて、将来を見越してあらかじめ手段を講じておくことを「布石を打つ」と言うようになりました。

手塩(てしお)にかける

大事なものの 面倒を見ること

中世には食事の際、浄化の意味から皿の端に小さな盛り塩をしており、近世になると、この盛り塩は自ら塩加減を調整するために使われるようになりました。ここから、自分で大事なものの面倒を見ることを「手塩にかける」と言うようになりました。

02 プレゼンで使いたい慣用句②

プレゼンテーションを行う際には、ちょっとした言い回しの工夫で言葉の真意が伝わり、アイデアがすんなり承認されることも。ここでは、そんな“ちょっと気の利いた慣用句”を紹介します。

一石（いっせき）を投じる

新たな意見で反響を呼び起こす

問題提起をする時に使う慣用句です。池に石を投げると、それまで何もなかった水面に波紋が広がります。そこから、なにもなかった場で人々に意見や問題を投げかけて議論を呼び起こすことを「一石を投じる」と表現するようになりました。

一頭地(いっとうち)を抜く

他より頭一つ抜きんでていること

文字どおり、他より頭一つ抜きんでていること。また、学問や芸術、仕事などの実力や成果を比較する際、多くの人がいる中で、ただ一人特別に優れた人を指して使う表現です。「飛び抜けて優秀」といったニュアンスで用いられます。

狼煙(のろし)を上げる

大きな動きのきっかけとなる行動を起こす

昔の人たちは、緊急を要する連絡の際、ものを燃やして煙を上げ、遠くの人に知らせる「狼煙」を用いていました。そこから転じて、大きな動きのきっかけとなる行動を起こすことを「狼煙を上げる」と言うようになりました。

03 さらりと使いたい慣用句

慣用句を使いすぎると、会話が不自然になってしまいます。慣用句は、あくまでもさらりと口にするからこそ、人々の印象に残り、また他人の心を動かす説得力のある言葉になります。ここでは、さりげなく使える慣用句を解説します。

胸襟（きょうきん）を開く

心を開いて打ち明けること

「胸襟」とは胸と襟（えり）のことで、「胸襟を開く」と言った場合は、隠しごとをせず、心を開いて思っていることをすべて打ち明けることを意味します。似たような意味の言葉に「腹を割る」「ざっくばらん」などがあります。

発破（はっぱ）をかける

相手を叱咤激励（しったげきれい）すること

「発破」とは、火薬で岩石などを爆破すること。転じて、爆破するような力強い言葉で相手にやる気を促す言葉をかけることを表すようになりました。不甲斐ないと思う相手に対し「しっかりしろよ」と叱咤激励するニュアンスを持つ言葉です。

気脈（きみゃく）を通じる

誰も知らない ひそかなつながり

「気脈」とは血液の通う道筋のこと。そこから、考えや気持ちのつながった相手と連絡を取り合うことを「気脈を通じる」と言います。連絡を取り合うと言ってもオープンな関係ではなく、誰も知らないところでひそかにつながっているような関係を表します。

04 相手に「できる」と思わせるビジネス慣用句

ビジネスの場では、相手に足元を見られないようにすることも大切です。相手にペースをつかまれてしまうと、その後の商談を不利に進められてしまうこともあります。ここでは、そんな時に使える“相手をうならせる慣用句”を紹介しましょう。

耳目（じもく）に触れる

聞いたり見たりすること

聞いたり見たりすること、または耳や目に入ることを意味する言葉です。人はほとんどの情報を耳と目から得ることから生まれた表現です。ちなみに、周囲の人たちや世間の注意や関心を引きつけることを「耳目を集める」と言います。

音頭(おんど)を取る

率先して行動し仲間をまとめる

「音頭」とは多人数で歌う時、調子をそろえるために最初に歌うことや主唱者を指す言葉。そこから転じて、先頭に立ってものごとを計画したり導いたりすること、率先して行動を起こして仲間をまとめることを「音頭を取る」と言います。

後塵(こうじん)を拝する

ライバルなどに後れを取ること

「後塵」とは、人や馬車が通った後に舞い上がる土ぼこりのことで、「拝する」は「ありがたく拝む」「身分の高い人に従う」こと。「後塵を拝する」と言った場合は「身分の高い人や力のある人に従う」という意味のほか、「他人に後れを取る」という意味もあり、現在は後者の意味で使われることが多いです。

05 緊急時に使いたい慣用句

現代では、戦時中のような命にかかわる緊急事態はそうそうありません。しかし、私たちの日常でも、進行が遅れた仕事の納期が迫るなどの緊急事態はよくあること。そんな時に使えそうなビジネス慣用句を紹介します。

焦眉（しょうび）の急

危険や急用が差し迫っていること

危険や急用が迫っていること、または事態が切迫している状態のこと。「焦眉」とは眉が焦げること、つまり眉が焦げるほどに火の手が迫ってきていることを表します。危険が差し迫っている状態で、一刻の猶予もないような場合に使います。

売り上げ減少への対策は?

焦眉の急はターゲティング(※)の徹底です

新商品の開発も焦眉の急です

※顧客層(ターゲット)を絞り込むこと

夜を日に継ぐ

昼夜を分かたず励むこと

昼夜問わずにものごとに取り組むという意味で、仕事の期日が迫っている場合などに使われます。昼の時間に夜の時間まで付け足す意味からこの慣用句が生まれたとされています。中国の四書五経の一つ『孟子』にも「夜を以って日に継ぐ」という記述があります。

万事休す

もはや手の施しようがないこと

「万事」は「すべてのこと」、「休す」は「すべておさまる」という意味。ある事柄に対して、手の施しようがなく、万策尽きた状態を表します。「今さら何をやっても意味がない」という状況に陥った際などに、絶望的な状況を表す慣用句です。

06 残念な結果が出た際に使いたい慣用句

努力を重ねて研鑽（けんさん）を積み、自らを磨くのは素晴らしいことです。しかし、いつも望みどおりの結果が出るとは限りません。残念なことですが、努力しても報われないこともあります。そんな無念の気持ちを表す慣用句を紹介します。

水泡（すいほう）に帰（き）す

水に浮く泡のようにはじけて消えること

水面に表れる泡がすぐにはじけて消えてしまうことにたとえて、それまで積み上げてきたものがあっけなくなくなったり、それまでの苦労や努力がすべて無駄になることを表した言葉です。この場合の「帰す」は「かえす」ではなく「きす」と読みます。

無用の長物（むようのちょうぶつ）

役立つどころか むしろ邪魔になるもの

あっても役に立つどころか、むしろ邪魔になるもののこと。もともとは仏教用語で、かつて出家する際には荷物の数が定められていたため、それ以外のものを「長物（「長」は「超える」の意）」と呼んでいたことから生まれた言葉とされています。

賽の河原（さいのかわら）

がんばっても 無駄に終わること

いくら努力しても無駄に終わってしまうこと。「賽の河原の石積み」とも言います。「賽の河原」とは親よりも先に死んだ子どもが行く場所です。河原の石を積み上げて塔を完成させると極楽に行けると伝わりますが、塔が完成する前に必ず鬼が現れて崩すそうです。この言い伝えから生まれた言葉です。

07 ビジネスシーンで使いたい慣用句

ビジネスシーンでは、さまざまな状況に応じて適切な慣用句を用いることができれば、目上の人や取引先などに「できるやつ」という印象を与えられます。ここで紹介する慣用句を用いて、あなたの知性をアピールしましょう。

噛（か）んで含める

自分の言葉をよく考えてから伝える

相手が十分に理解できるよう、まず自分の言葉を噛み砕いてから丁寧に言い聞かせること。親鳥が雛（ひな）鳥に餌を与える際、よく噛み砕いてから雛の口の中に含ませることから、相手に何かを説明する時に、自分の言葉や考えをよく咀嚼（そしゃく）した上で伝えることをこう表すようになりました。

拍車をかける

ものごとの進行を一気に早めること

「拍車」とは、乗馬の際に騎乗者がかかとに装着する器具のことで、それを馬の腹に押し付けることで馬は速く走ります。転じて、ものごとの進行を一気に早めることを「拍車をかける」と言います。ビジネスシーンでは、作業スピードが上がった際などに「拍車がかかったね」などと言うことも。

委曲（いきょく）を尽くす

細かなところまで行き届かせる

詳しい説明をして、細かなところまで行き届かせることを表した言葉です。「委曲」は「詳しく細かなこと」や「ものごとの詳しい事情」といった意味。また、「尽くす」は「あるものをすべて出しきって何かをする」という意味です。

相手に一目置かれる慣用句

ビジネスシーンで相手の関心を惹くためには、知性や品格だけでなく、頭の回転が速い「才気」も求められます。会話や会議などで、以下のような言葉をさらりと使えれば、相手に一目置かれるでしょう。

薄氷(はくひょう)を踏む

薄い氷の上に乗るような緊迫した状況

水面に薄く張った氷の上に乗るような、危険な状況にのぞむことや緊迫した心持ちを表す言葉で、四書五経の一つ『詩経』にも記述がある古い慣用句です。同じような状況で使われる言葉には、「予断を許さない」「地雷原を行くような」などがあります。

この交渉が決裂したら
もう次はない…

まさに
薄氷を踏む
思いです

好事魔多し（こうじまおおし）

好調な時ほど気を引き締めよう

好調な時ほど、邪魔が入りやすいことを表した言葉。幸運に恵まれたり、ものごとがうまく回りだした時ほど、思いもよらぬ落とし穴があったり、アクシデントに見舞われたりするもの。チャンスをつかんだ時こそ、浮かれて足をすくわれないよう気を引き締めるべきという慣用句です。

如才ない（じょさい）

機転が利く人への評価の言葉

気が利いていて抜かりがないこと、または愛想がよく配慮が行き届いていることを指した言葉です。よく気が回る（機転が利く）人に対して、「高橋くんは如才ない人だ」などと用います。目上の人に対して使うと上から目線の失礼な印象になるので、注意しましょう。

09 相手に知性を感じさせるビジネス慣用句

ビジネスシーンにおいては、知性を感じさせる語彙を用いることで相手から一目置かれることもあります。知識をひけらかすような会話は感心しませんが、以下のような言葉をさりげなく用いて知的な印象を与えましょう。

逆鱗（げきりん）に触れる

目上の人を怒らせること

目上の人を激しく怒らせることを指した言葉です。「逆鱗」とは、竜の顎の下にある逆さまに生えた鱗（うろこ）のこと。この鱗に触れるとふだんはおとなしい竜が怒り、必ず殺されるとの伝説がこの言葉の由来です。似た意味の言葉に「不興（ふきょう）を買う」があります。

今日は元気がないね？

社長、そんなに怒ってたかな…

例のプロジェクトの件で社長の逆鱗に触れまして…

幾星霜（いくせいそう）を経（へ）る

苦労をした長い年月

「幾星霜」とは「長い年月」のこと。「苦労した長い年月」といったニュアンスで用いられることが多く、たとえば「幾星霜を経て独立した」と言った場合は、「苦労して下積みした人が、念願かなってようやく独立した」という意味になります。

人口（じんこう）に膾炙（かいしゃ）する

世間に広く知れ渡っていること

「広く知れ渡っていること」を表す言葉。「膾」は細かく刻んだ肉や魚、「炙」はあぶった肉の意味。いずれも味が良く、口にした多くの人から喜ばれることから、世の中の人々の評判になって知れ渡ることを「人口に膾炙する」と言うようになりました。

Chapter 5

Check!

意味を間違えやすい

慣用表現

慣用表現は、誤った使い方をしている人も多いもの。本来の意味とは違った使い方が、時を経て広がってしまっている場合もあるので、しっかりと確認しておきましょう。

役不足

「力量に対して役目が軽すぎる」ことを意味します。「自分には役不足です」などと、「力不足」の意味で誤用しないように注意しましょう。

斜（しゃ）に構える

もとは「ものごとに対して十分に身構える」という意味。「不真面目で皮肉な態度でのぞむ」という解釈は本来誤用ですが、最近は定着しつつあります。

王道

「学問に王道なし」のように西洋由来の「楽な方法」「近道」という解釈と、中国の儒教由来の「武力でなく仁徳による統治」という２つの用法があります。

圧巻

「全体の中で最も優れた部分」の意。「段違いに優れた力」を意味する「圧倒」「素晴らしい眺め」を意味する「壮観」などとの混同に注意。

気の置けない

「気を使ったり、遠慮したりする必要がない」という意味。「気を許せない、気配りや配慮をしなくてはならない」という逆の意味で使うのは誤りです。

やおら

「静かにゆっくりと体を動かすさま」を指し、「おもむろに」と同義です。「急に」「いきなり」という誤った意味で使われることが多いです。

まんじりともせず

「少しも眠らないこと」を意味します。「まんじり」とは「少し眠ること」で、その打ち消しです。「ずっと動かないさま」という解釈は間違い。

煮詰まる

「煮えて水分がなくなる」、転じて「議論などが結論を出す段階」を意味します。「行き詰まる」という意味で使われがちですが、本来は誤用です。

時を分かたず

「いつも」「いつでも」といった意味で、「昼夜を分かたず」と同義。「すぐに」「速やかに」という意味の「時を置かず」との混同に注意しましょう。

首が回らない

「借金や支払いが多く、やりくりがつかないこと」を指す言葉です。「時間がない」「仕事が忙しい」といった意味で用いるのは誤りです。

ダントツ

「断然トップ」の略で「2位以下と大きな差をつけての首位」の意。「ダントツの最下位」は誤用、「ダントツの首位」は言葉の重複になります。

失笑（しっしょう）

「思わず、または誤って笑ってしまうこと」という意味。「あざ笑う」「さげすみ笑う」という意味の「冷笑」「嘲笑」との混同に注意しましょう。

弱冠（じゃっかん）

「年が若いこと」という意味。中国で二十歳の男子の異称である「弱」が「冠」をかぶるというのが語源で、二十歳前後の年齢に使うのが正解。

Chapter

6

GOIRYOKU
mirudake note

自然に使えると奥ゆかしく聞こえる大和言葉(やまとことば)

相手に柔らかな印象を与える
大和言葉は、男女を問わず
「知性」と「品格」、そして
「優雅」さをもたらします

大和言葉は日本人が古くから培ってきた貴重な文化です。社交とビジネスシーンの双方で、教養の奥行きを感じさせる「知性」、奥ゆかしい「品位」を印象づけます。また、柔らかな印象を与えるので、コミュニケーションをスムーズにしてくれます。

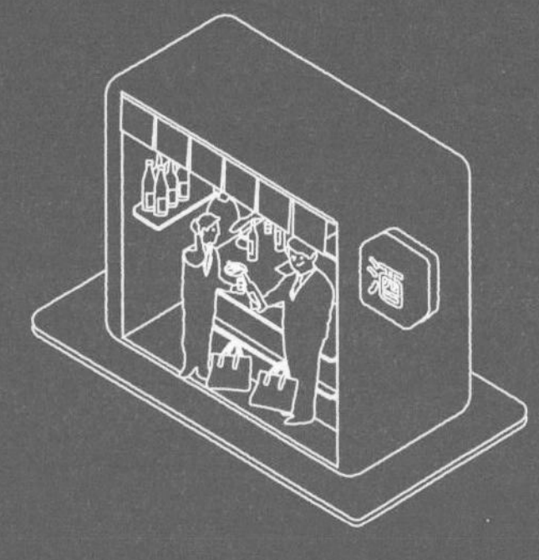

01 言い換えると優雅に聞こえる大和言葉①

大和言葉とは、漢字でいうと訓読みに当たるものです。古くから伝わる言葉で響きが美しく、深い意味を持った言葉です。年齢を重ねるにつれ、使う機会も増えてくるでしょう。本章では知的かつ優雅に聞こえる大和言葉を紹介します。

サボらず ➡ 倦(う)まず弛(たゆ)まず

ものごとを進める際の心構え

「倦む」は「退屈する、嫌になる」、「弛む」は「心がゆるむ、油断する」という意味。「倦まず弛まず」と言った場合、飽きたり、油断したりせずにコツコツものごとを進めるという心構えを指します。「倦まず弛まず営業した結果、成果が出ました」などと使います。

全然ダメ ➡ もってのほか

品よく静かでありながら重い言葉

「もってのほか」は、「とんでもないこと」「言語道断」といった否定の意味。品よく静かでありながら重い響きがあり、相手も「全然ダメ」と言われるよりも、心に染み入るのではないでしょうか。「無断で帰るとはもってのほか」といった使い方をします。

何もなく ➡ つつがなく

病気などがなく無事であること

「つつがなく」は、健康であることや無事であること、故障や異常がないことを指し、漢字では「恙無く」と書きます。「恙」とは、かつて伝染病の原因として恐れられた虫と同じ語源で、この「恙」が「ない」ということから、無事を意味するようになりました。

02 言い換えると優雅に聞こえる大和言葉②

大和言葉は近年注目を集めています。IT 機器の発達により、メールや LINE でのコミュニケーションが増えたこともあり、無味乾燥な文面でのやりとりが増えていますが、そんな時代だからこそ大和言葉の美しさが際立つようです。

その上に（おまけに）➡ あまつさえ

悪いことが重なった時に用いる

「あまつさえ」は「あまり」と「さえ」から成り立っています。「あまり」は「余分」、「さえ」は「付け加えて」という意味で、漢字では「剰え」と書きます。主に悪いことが重なる時に用いる言葉で、良いことが重なった場合には用いません。

さわがしい ➡ かまびすしい

平安貴族も用いた古式ゆかしい表現

「かまびすしい」は「さわがしい」「うるさい」という意味。「かま」は「やかましい」「かしがましい」と同じ語根です。平安時代の歌人・藤原為忠（ふじわらのためただ）の『為忠集』には「かまびすしく鳴くひよどりに」という一文があります。評判が高い意味にも使います。

めちゃくちゃ ➡ こよなく

ポジティブなことを表す際に用いる言葉

「こよなく」は「この上なく」「格段」「殊（こと）の外（ほか）」といった意味。語源は古語「こよなし」の連用形の副詞化と考えられています。古くは単に「程度の甚だしいこと」を表しましたが、現代では「こよなく美しい」などと賛美の感情を伴って使われる言葉です。

03 相手に知性を感じさせる大和言葉

大和言葉には深い意味を持つものも多く、ふだん使っている言葉を少し言い換えるだけでグッと知的で大人っぽく聞こえるような言葉もたくさんあります。ここで紹介するような言葉を使ってみれば、人の見る目も変わってくるかも。

たくさん ➡ あまた

「たくさん」「数多く」の意味

漢字で書くと「数多」で、文字どおり「数多く」という意味。「あま」は「物が豊富に行き渡ること」を表し、それに接続詞の「た」を加えて「あまた」と言うようになりました。もともとは「程度が甚だしいこと」を表しましたが、やがて数量を示す表現として使われるようになりました。

よろこんでする ➡ やぶさかでない

基本的には
肯定を表す言葉

「吝（やぶさ）か」とは「思い切りの悪いさま」「物惜しみするさま」を表します。それを「でない」と打ち消しているため、「やぶさかでない」と言った場合は「努力を惜しまずする」「よろこんでする」という意味になります。ただし、一般的には「やってもよい」といった“やや肯定的”なニュアンスで使われることも多いようです。

少し ➡ いささか

『万葉集』にも登場する
極めて古い言葉

「いささか」は「ほんの少し」「わずか」といった意味。「いささか自信がある」などと添えて使えば謙遜のニュアンスになり、相手に対して使う場合は「いささかやりすぎでは」などと言うと婉曲表現になります。また、後に否定形の語句をつけると「いささかも思わない」など、「少しも」「まったく」の意味になります。

語彙が豊かな人と思われる大和言葉

古くから日本人の間で使われ続けてきた大和言葉は、会話の中に一つ取り入れることで、文章や会話全体の格調が高まります。さりげなく使うことができれば、教養ある印象をもたらします。

中でも ➡ なかんずく

今回の新商品、
競合として一番
手ごわいのは
どこだと思う?

△

B社やC社も
気になりますが
中でもA社には
注意が必要かと

○

B社やC社も
気になりますが
なかんずくA社には
注意が必要かと存じます

多くのものの中から一つのものを示す

「なかんずく」を漢字で書くと「就中」となり、「中に就く」という意味。純粋な大和言葉ではないという説もあります。平たく言うと「特に」「とりわけ」といった意味で、多くのものの中から一つのものを示す時に使います。「なかんづく」とも書きます。

仲裁する ➡ とりなす

仲介や口添えの意味を持つ大和言葉

「とりなす」は、対立する者同士の間に入って、事態を丸く収めること。対立を仲裁することを「場をとりなす」などと言います。「口添えをする」という意味もあり、交渉ごとなどがうまくいくよう、第三者を介して話をまとめてもらうことも表します。

集中できない ➡ 気もそぞろ

『徒然草（つれづれぐさ）』にもある古くから用いられてきた表現

「気もそぞろ」とは、ほかのことに気を取られて心が落ち着かない様子のこと。「漫（そぞ）ろ」は『徒然草』や『奥の細道』にも登場する古語で、落ち着きがなく集中できないさま、不本意な様子を表します。「連休前で気もそぞろになっている」といった形で使います。

現状を受け入れる時に使いたい大和言葉

仕事では予期せぬ事態などが発生し、妥協せざるを得ないこともあるでしょう。そんな時、ストレートに諦めの感情を口に出すよりも、ちょっと控えめな大和言葉を使うことで表現が柔らかくなることがあります。

そうするほかない ➡ やむなく

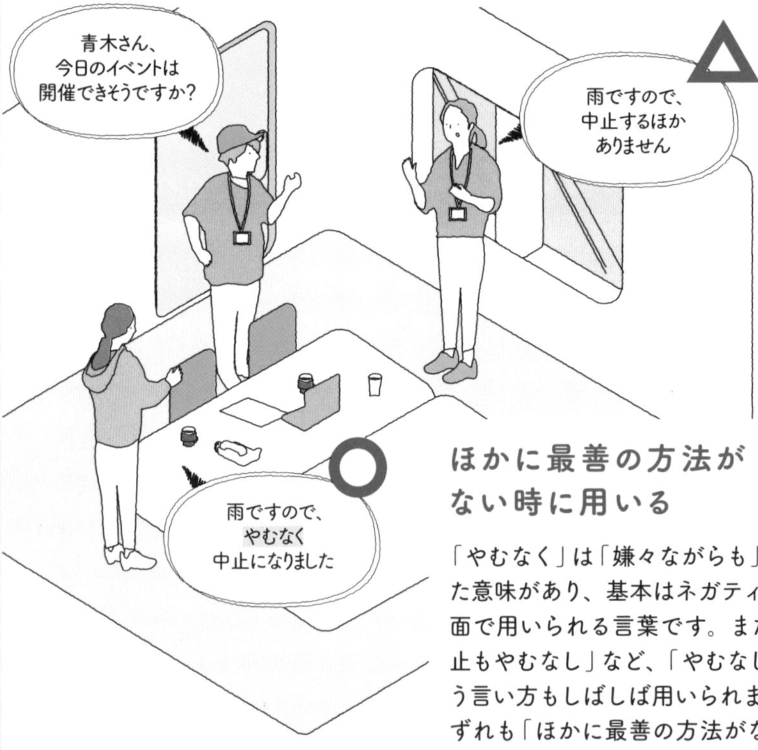

ほかに最善の方法がない時に用いる

「やむなく」は「嫌々ながらも」といった意味があり、基本はネガティブな場面で用いられる言葉です。また、「中止もやむなし」など、「やむなし」という言い方もしばしば用いられます。いずれも「ほかに最善の方法がない」といった諦めを表す言葉です。

どうしようもない（ことに）➡ いかんせん

強いニュアンスを含む諦めの言葉

「いかんせん」は「ほかに方法が見つからない」といった諦めの言葉の中でも、かなり強いニュアンスを含んだ言葉です。漢字で書くと「如何せん」で、漢文に由来。「どうしようか、いやどうしようもない」という反語でした。

妥協する ➡ 折り合う

「妥協」の意を柔らかに表現

「折り合う」とは、互いに譲り合って解決すること。「折る」には「主張を引く」という意味もあり、交渉において互いに妥協点を見つけることを「折り合いをつける」と言います。「妥協する」だと我慢しているようですが、「折り合う」だと互いに歩み寄った結果という、やや柔らかく前向きな印象になります。

06 自然に使えると品が出る大和言葉

大和言葉の中には、ふだんのくだけた会話ではほとんど耳にしない言葉もあります。そんな言葉を自分のものとして自然に使うことができれば、相手はあなたに品や育ちの良さを感じるはず。ぜひ、ここで覚えて活用してください。

なんとなく（どことなく）➡ そこはかとなく

なんとなく雰囲気を感じること

「そこはかとなく」は、「理由は特定できないが、なんとなく雰囲気を感じること」を指します。『源氏物語』には「そこはかとなき虫の声」という一文があり、この場合は「どこからともなく虫の声が聞こえる」という意味。なお、「そこはかとなく」を「無限に」と解釈する説もあります。

いい加減なさま ➡ なおざり（等閑）

似た意味と響きを持つ「おざなり」との混同に注意

「なおざり」は「いい加減なさま」「おろそか」といった意味。響きと意味が似た言葉に「おざなり」がありますが、こちらは「場当たり的ないい加減な対応」を表します。一方、「なおざり」の場合は「あまり注意を払わない」「やらないまま放置する」ことを指します。

上品（優美）➡ たおやか

主に女性の姿や振る舞いを指す

「嫋（たお）やか」は、姿や動作が美しく、しなやかなさまを表す言葉で、主に女性の姿や振る舞いを指して用いられます。硬いものが曲がることを意味する「たわむ」が変化して生まれた言葉とされ、美しい風景や可憐（かれん）な草花を表す時にも使います。

07 知っていると差がつく大和言葉

ビジネスシーンでは、時として相手に軽く見られない言動も必要です。大和言葉の中には、品や柔らかさを感じさせる言葉ばかりでなく、老練な印象を与える言葉もあります。

達人（名人）➡ 手だれ

鎌倉時代から使われていた古語

「手だれ」とは「熟練した人」「腕きき」といった意味で、技芸など“その道”に優れていることを表します。手に十分な技能が備わっていることを意味する「手足り」が変化した語で、「足り」は「不足なく十分であること」を意味します。今は「手練れ」とも書きます。

身なり（装い）➡ 出立ち（いでたち）

言葉の由来は「旅に出ること」

「出立ち」は服装を指す言葉で、特に外出着のことを指します。もともとは「出発」や「旅立ち」の意でしたが、転じて「旅のために身なりを整える」という意味に変化。現代では主に「特別な場に出かける際の服装」の意味で使うほか、「変わった出立ち」などと揶揄（やゆ）を込めて用いることも。

先駆者 ➡ 草分け（くさわけ）

もともとは「開拓者」の意味

「草分け」は最初に土地を開拓して村落をつくった人を指す言葉。それが転じて、現代では特定の分野に初めて挑戦することや、初めて成し遂げた人やものを指すようになりました。「先駆者」「パイオニア」といった言葉とほぼ同義で用いられます。

Chapter 6

Check!

まだまだある!

押さえておきたい大和言葉

自然に使いこなせると、知性と品位を感じさせる大和言葉はまだまだあります。
取り上げきれなかった奥深くも麗しい大和言葉を、もう少しだけ紹介します。

礎（いしずえ）

家屋や橋などの柱の下に土台として据える石（礎石）のこと。「根石」や「柱石」とも言います。転じて、ものごとの基礎となる大切なものや人物などを指す言葉としても用いられます。「わが社の礎を築いた人物」といった形で使います。

麗（うら）らか

空が晴れて太陽が明るく照っているさまを表す言葉で、転じて、気分が晴れ晴れとして明るいさまや、おっとりしているさまも表します。俳句では春の季語とされており、「春うらら」と言う場合の「うらら」も同じ意味です。

しじま

物音がなく静まり返っている様子を表す言葉です。また、口を閉じて何も言わないこと、すなわち「無言」という意味もあります。現代ではあまり使われない言葉ですが、「夜のしじま」という表現は聞いたことがある人も多いでしょう。

はなむけ（餞・贐）

遠くへ旅立つ人の道中の安全を祈って、馬の鼻先を旅先の方角へ向けたという「馬の鼻向け」が語源です。転じて、現在は旅立ちや結婚式、卒業式などの門出を祝って贈る金品や詩歌、挨拶などの意味で用いられています。

おためごかし

相手のためにするように見せかけて、実は自分の利益を図ることを意味する言葉です。漢字では「御為倒し」と書きます。「あの人の言うことはおためごかしばかり」「そんなおためごかしはやめてください」といった使い方をします。

さんざめく

浮き浮きとにぎやかに騒ぐさまを表す言葉です。「さざめく」が変化して「さんざめく」になったと言われており、現代では名詞形の「さざめき」がよく使われます。「笑いさんざめく」などと使うほか、星や波など一面に広がる自然現象にも用いられます。

さやか（清か・明か）

はっきりと明るく澄んださまや明瞭さ、また、音が高く澄んでいるさまを表す言葉です。「月影さやかに」と言えば、月光が明るく冴えていることを意味します。現在も、女性の名前としてよく使われます。

口汚し

口を汚す程度の、少しの食べ物という意味。客に料理を進める時に、へりくだって言う表現です。現在では、手土産として相手に食べ物を出す際に「ほんのお口汚しでございますが」といった形で用いられることが多いです。

やんごとない

家柄や身分が非常に高貴であることを表し、「やんごとない生まれ」といった使われ方をします。「捨て置けない」という意味の「止む事無し」が形容詞に変化した言葉で、適当に扱えない重要な存在を意味します。

いみじくも

非常にうまく、適切に、巧みにといった意味を表す言葉です。穢(けが)れや不吉なことを表す「忌(い)む」が語源で、古代にはネガティブな意味を中心に用いられていましたが、時代とともに意味が変化し、現在ではよい意味だけが残って使われています。

Chapter

7

GOIRYOKU
mirudake note

知らないと恥ずかしい！間違えやすい言葉

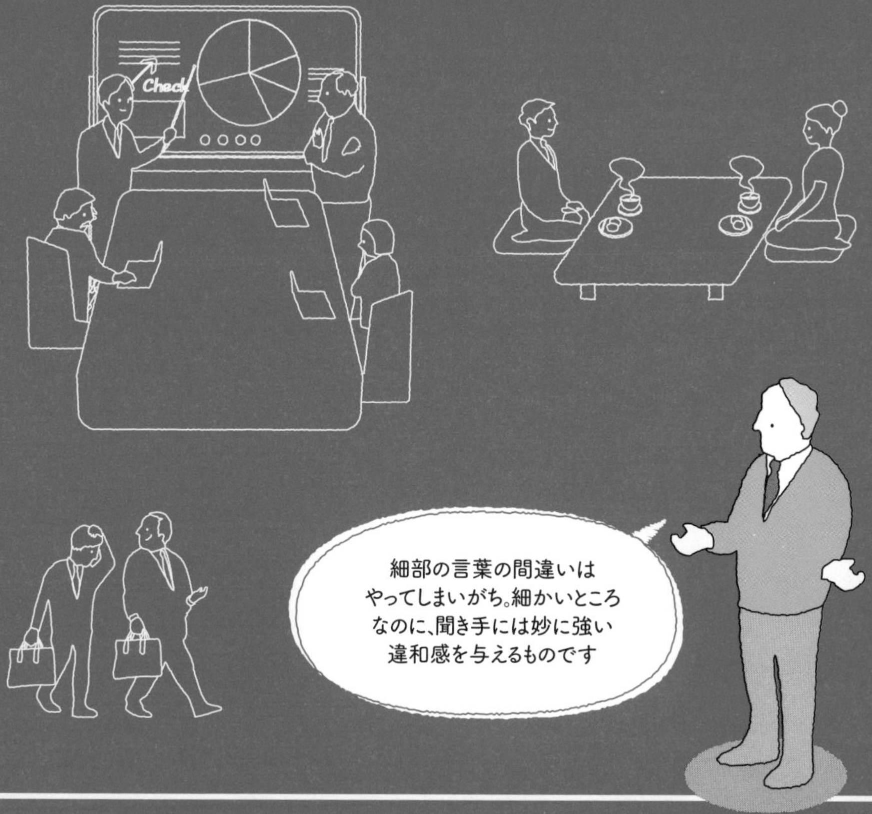

細部の言葉の間違いは
やってしまいがち。細かいところ
なのに、聞き手には妙に強い
違和感を与えるものです

せっかくいろいろな言葉を覚えても、たった一カ所、使い方や読み方を間違えてしまったら、知的な印象は台なしに。本章で紹介する言葉を見て、「えっ、間違いだったの?」と、驚く人も多いはず。よく使う知られた言葉ほど、誤用には十分に気をつけましょう。

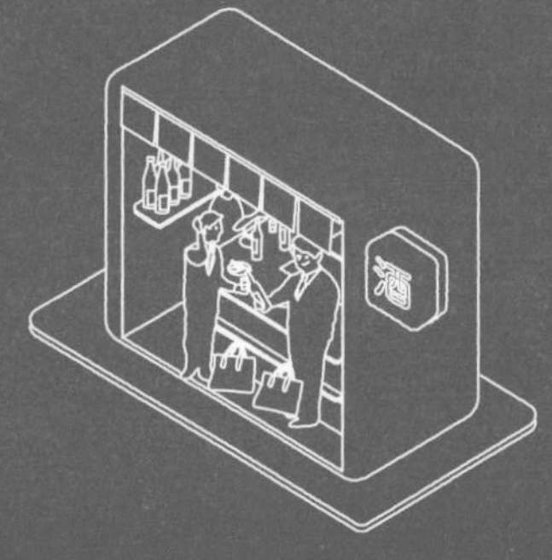

01 知らないと恥ずかしい！ 間違えやすい言葉(基礎編)①

難しい慣用句などを使って相手に知的な印象を与えようと思っていたのに、「実は間違っていた」というのが一番恥ずかしいもの。そんな失敗をしないためにも、まずは基本的な「間違えやすい言葉」から学んでいきましょう。

✕汚名挽回 ➡ ○汚名返上

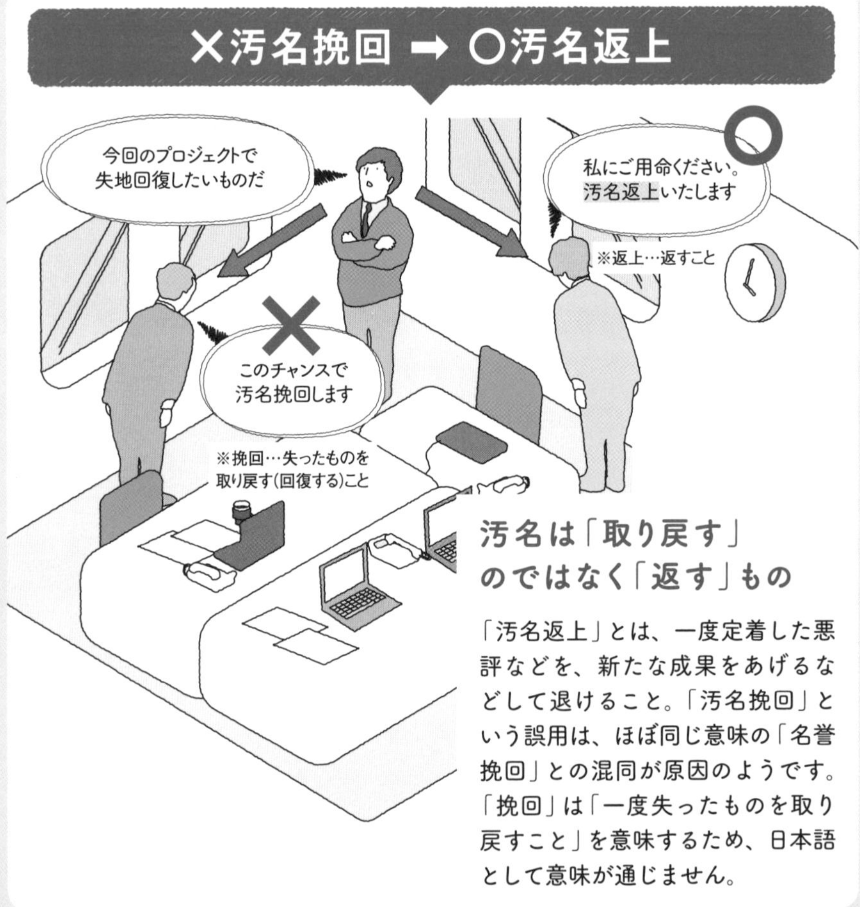

汚名は「取り戻す」のではなく「返す」もの

「汚名返上」とは、一度定着した悪評などを、新たな成果をあげるなどして退けること。「汚名挽回」という誤用は、ほぼ同じ意味の「名誉挽回」との混同が原因のようです。「挽回」は「一度失ったものを取り戻すこと」を意味するため、日本語として意味が通じません。

✕寸暇を惜しまず ➡ ○寸暇を惜しんで

わずかな時間を惜しむこと

わずかの時間も惜しんで何かに没頭することを「寸暇を惜しんで〜する」と言います。「寸暇」とは「わずかな暇(空き時間)」の意味で、そのちょっとした時間すら無駄にせず、何かに取り組んだり、挑戦したりするという意味で使われます。

✕濡れ手で泡 ➡ ○濡れ手で粟(あわ)

労せず利益や金銭を得るたとえ

「濡れ手で粟」とは、濡れた手で穀物の粟をつかめば粟粒がたくさんついてくるように、何の苦労もせずに多くの利益を得ること。現代人は「粟」に馴染みがなく、濡れた手につけるものといえば石鹸などの「泡」というイメージから「濡れ手で泡」という誤用が生まれたようです。

02 知らないと恥ずかしい！間違えやすい言葉（基礎編）②

知らず知らずのうちに間違えて使ってしまっている言葉は、意外と多いものです。よく使う基本的な言葉のほうが間違いに気づきにくいものなので、今一度しっかりと確認しておきましょう。

✕取り付く暇もない ➡ ○取り付く島もない

荒れた海で頼るのは「島」

「取り付く島もない」は、全く相手にされず、話を取り合ってもらえないさまや、頼れるところや切り崩すとっかかりがないこと。航海で嵐に見舞われた際、頼れるもののたとえとして「取り付く島」という表現が使われるようになりました。

×舌の先の乾かぬうちに ➡ ○舌の根の乾かぬうちに

乾くのは「先」ではなく「根」

「舌の根の乾かぬうちに」は、相手が前に言ったことに反することを、すぐに言ったり、行ったりした際、非難の気持ちを込めて使われる言葉です。「舌の先も乾かぬうちに」という誤用は、「うわべだけのうまい言葉」のたとえである「舌先三寸」との混同が主な原因のようです。

×愛想(あいそ)を振りまく ➡ ○愛嬌(あいきょう)を振りまく

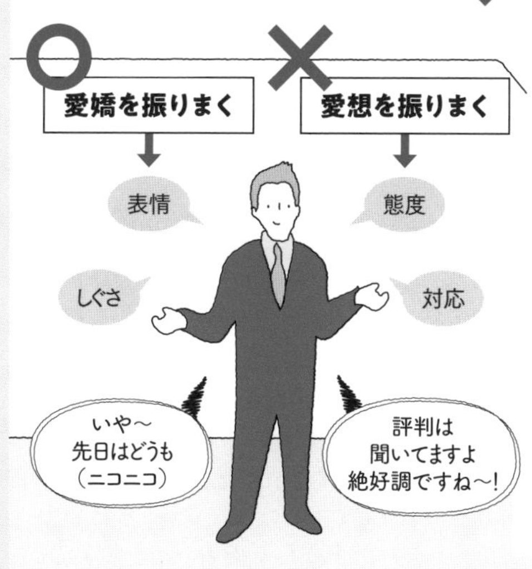

振りまくのは「表情」や「しぐさ」

「愛嬌」とは、にこやかでかわいらしいことや、ひょうきんで憎めない様子やしぐさ。「振りまく」は、その愛嬌を惜しみなく周囲に分け与えることを言います。一方、「愛想」は人当たりのいい態度のことで「愛想のいい」「愛想のない」の形でよく使います。

03 ピンチの時に間違えたくない言葉

苦境に陥った時こそ、その挽回には万全を期したいところ。そんな時、言葉づかいが間違っていたら「やっぱりダメなヤツ」などと余計な反感を招きかねません。ピンチの時こそ、とっさに適切な言葉が出るようにしたいものです。

×足元をすくわれる ➡ ○足をすくわれる

「すくう」とは「払う」こと

「足をすくわれる」とは、相手にすきを突かれて、卑怯（ひきょう）な手段や思いがけない方法で失敗させられること。よく「足元をすくわれる」と誤用されますが、この場合の「すくう」は「掬う」と書き、「払う」「払いのける」といった意味。「払われる」のはあくまでも「足」であり、「足元（足の下）」ではありません。

×危機一発 → ○危機一髪

髪の毛一本の差

「危機一髪」は、「髪の毛一本ほどのわずかな差で、今にも危険に陥りそうな瀬戸際」という意味。ほぼ同じ意味の言葉に「間一髪」がありますが、これも同じく「髪の毛一本の差」が左右する、切迫した状況を表します。

×絶対絶命 → ○絶体絶命

「体」も「命」もぎりぎりの状態

「絶体絶命」とは、「体も命も窮（きわ）まる」という意味で、「どうしても逃れることのできない苦境に立たされること」を意味します。「絶体絶命」の「絶」は「きわまる」ことを指し、「進退きわまる」という言葉があるように「ぎりぎりの状態にあること」を指します。

04 怒った時に間違えたくない言葉

部下を指導したり、同僚に不満を言う際などに間違えた言葉を使ってしまうと、かえって自分が見下されることにもなりかねません。そんなことにならないよう、怒った時にとっさに出る言葉にも注意を払いましょう。

✕怒り心頭に達する ➡ ○怒り心頭に発する

怒りは心から「発する」もの

「怒り心頭」とは、「心の底から激しく怒る」という意味。ここで使われている「頭」は「そば」「あたり」といった意味で、「心頭」は「心のあたり（心の中）」を表します。人の「怒り」は心の中から湧き起こるものなので、「怒り心頭に発する」とするのが正確な表現です。

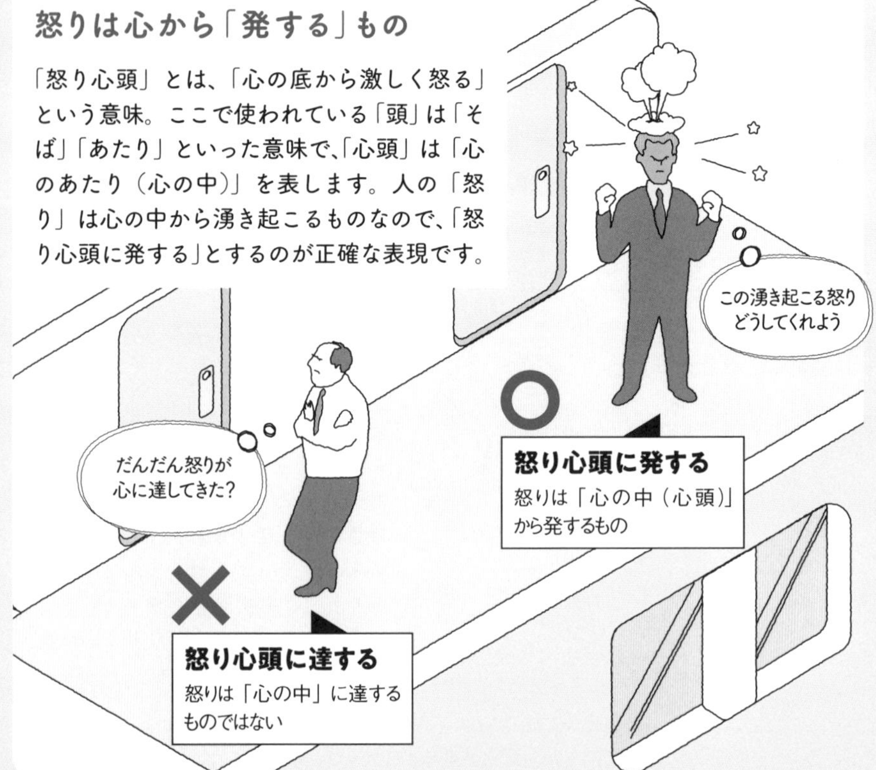

×雪辱(せつじょく)を晴らす ➡ ○雪辱を果たす

「雪辱」は恥を雪(すす)ぐこと

「雪辱」とは、「辱(恥)を雪(すす)ぐ」こと。「雪辱」の中に、すでに「消し去る・除き去る」という意味を持つ語「雪」があるため、「晴らす」という「すすぐ」と似た意味の言葉を使うのは誤用です。「果たす」が正しい表現。

×二(に)の句(く)が出ない ➡ ○二の句が継(つ)げない

あきれてものが言えない

「二の句が継げない」は、「あきれてものが言えない」「驚きのあまり次に言うべき言葉を失う」といった意味。「二の句が出ない」でも意味は通じますが、慣用的な表現としては誤用です。「二の句が継げない」は、もとは和歌や漢詩の朗詠での用語で、今の用法は明治時代以降のようです。

05 部下を指示する時に間違えたくない言葉

指導すべき人間に間違いを指摘されると、いつもよりひときわ恥ずかしいものです。そんな状況に陥らないためにも、正しい言葉づかいをしっかりと覚えておきましょう。

×采配をふるう ➡ ○采配を振る（取る）

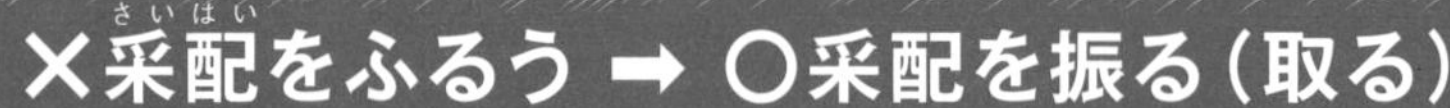

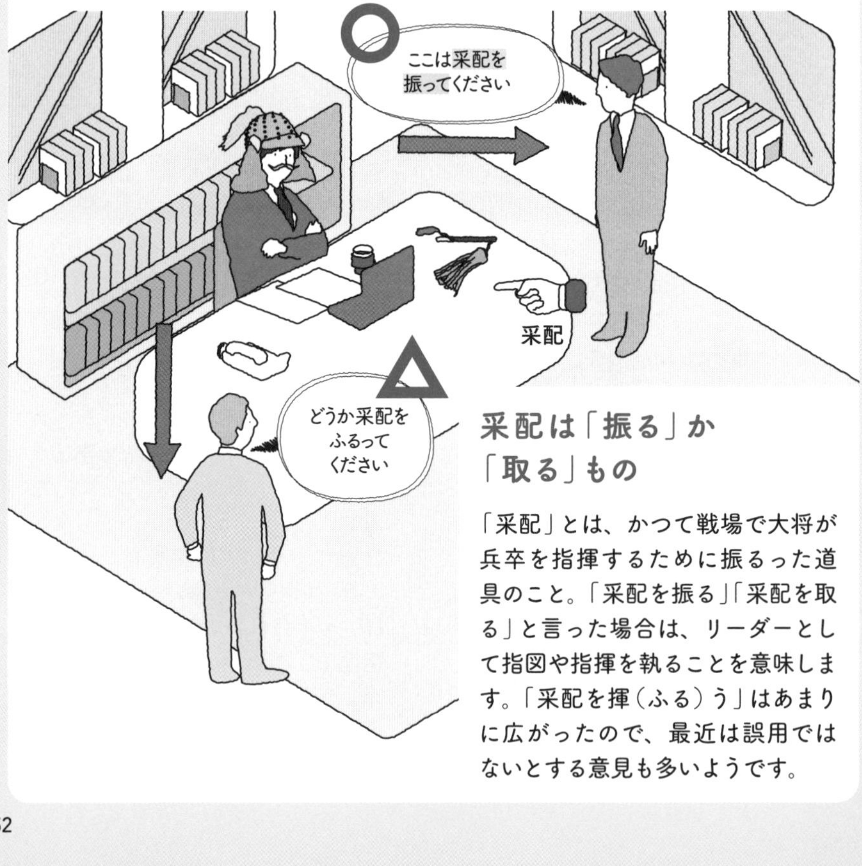

采配は「振る」か「取る」もの

「采配」とは、かつて戦場で大将が兵卒を指揮するために振るった道具のこと。「采配を振る」「采配を取る」と言った場合は、リーダーとして指図や指揮を執ることを意味します。「采配を揮（ふる）う」はあまりに広がったので、最近は誤用ではないとする意見も多いようです。

✕新規巻き返し ➡ ○新規蒔(ま)き直し

最初から やり直すこと

「新規蒔き直し」とは「ものごとを最初からやり直す」という意味で、単に「蒔き直し」と言った場合も同様の意味になります。「蒔き直し」は一度蒔いた種を改めて蒔くことで、転じて、一度手掛けたものごとを改めて最初からやり直すことを表すようになりました。

✕念頭(ねんとう)に入れる ➡ ○念頭に置く

常に意識して 行動する

「念頭」とは「心（頭）の内」を表す言葉で、「念頭に置く」と言った場合は、「常に心掛ける」「忘れないようにする」といった意味になります。誤用とされる「念頭に入れる」は、似た意味の慣用句「頭に入れる」「念には念を入れる」との混同が原因のようです。

06 会議やプレゼンで間違えたくない言葉

せっかく苦労して準備した会議やプレゼンテーションの資料も、言葉づかいが間違っていては説得力に欠けてしまいます。こうしたアピールの場でこそ、間違った言葉づかいをしていないか、より注意が必要です。

×公算が強い ➡ ○公算が大きい

数字にできない確率を「大小」で表す

「公算」とは「あることが起きる確実性の度合い（確率）」のこと。「確率」は主に数字で表しますが、「公算」ははっきり数字として示すことができない予測を「大小」で表します。公算を「強弱」「高低」などで表すのも間違いではないとの意見もありますが、一般的な「大小」を用いたほうが無難でしょう。

✕心血(しんけつ)を傾ける ➡ ○心血を注ぐ

液体の「血」は「注ぐ」もの

「心血を注ぐ」とは、「心身のすべてを尽くしてものごとを行う」という意味。誤用とされる「傾ける」でも理解できますが、「全力を傾ける」のほうがよく使います。液体である「血」という字も入るため、やはり「注ぐ」という文字のほうが適切です。

✕青田(あおた)刈り ➡ ○青田買い

もともとは米の先買いを意味する言葉

「青田買い」は、まだ稲穂が青いうちに、その年の収穫量を見越して田の米を先買いすること。転じて、現在では企業などが人材確保のため、卒業前の学生の採用を早くから確保することを指します。なお、人材の優劣に関係なく、とりあえず多くの学生を確保することをわざと「青田刈り」と表現する場合も。

07 表情や見かけに関する間違えやすい言葉

表情や体にまつわる表現はイメージが浮かびやすい分、間違えるとおかしな情景になり目立ってしまいます。ただし、覚える時にしっかりとイメージに結び付けておけば、それらの間違いを減らすことができます。

×眉をしかめる ➡ ○顔をしかめる／眉をひそめる

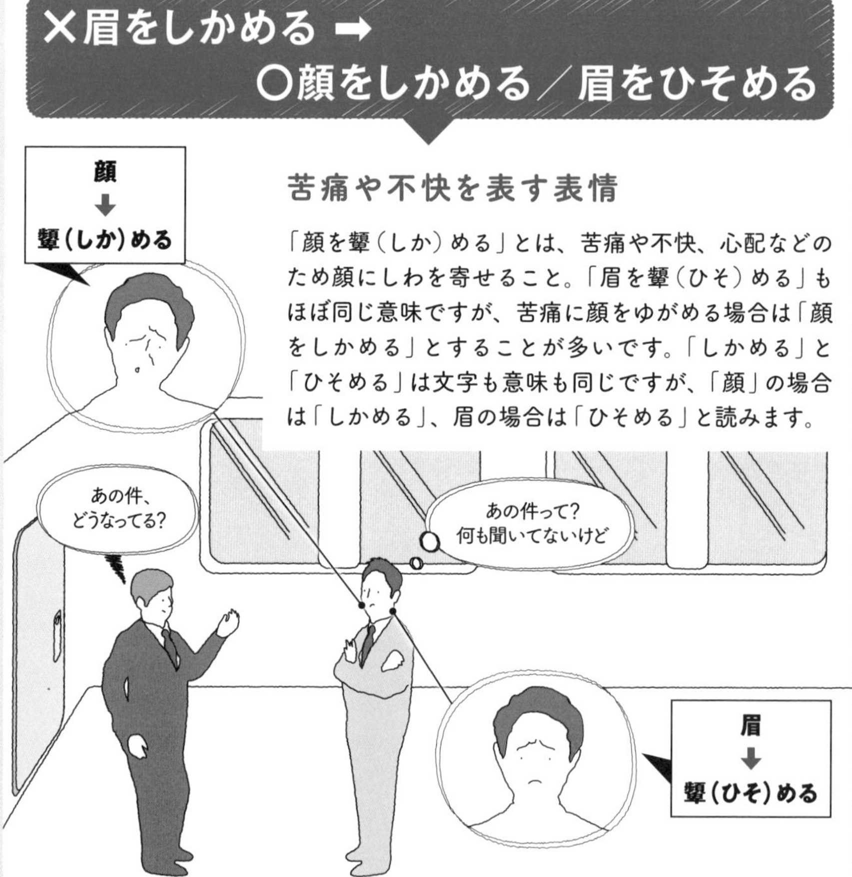

苦痛や不快を表す表情

「顔を顰（しか）める」とは、苦痛や不快、心配などのため顔にしわを寄せること。「眉を顰（ひそ）める」もほぼ同じ意味ですが、苦痛に顔をゆがめる場合は「顔をしかめる」とすることが多いです。「しかめる」と「ひそめる」は文字も意味も同じですが、「顔」の場合は「しかめる」、眉の場合は「ひそめる」と読みます。

×頭をかしげる ➡ ○首をかしげる

納得がいかない時のしぐさ

「傾（かし）げる」は「ものをかたむける（斜めにする）」ことを表します。「（小）首をかしげる」と言った場合は、「疑問や不審を抱いたり、納得がいかず首をかたむけること」を意味します。なお、「ひねる」という言葉を当てる場合は、「首をひねる」「頭をひねる」のどちらも正しいとされています。

×見かけ倒れ ➡ ○見かけ倒し

見かけだけで中身なし

「見かけ倒し」とは、「外見は優れているにもかかわらず、中身や内面、実質、実力などがそれに伴っていない（劣っている）こと」。「見かけ倒れ」という誤用は、看板（見かけ）だけは立派だが、内容がそれに伴わないことを意味する「看板倒れ」との混同が原因のようです。

08 間違えて使うと地味に恥ずかしい言葉

ちょっと気取った言葉づかいをした後、しばらくして、それが間違った表現だったと知った時には、じわじわと恥ずかしさがこみ上げてくるもの。そんな残念な経験をしないためにも、正しい表現を知っておきましょう。

×風下に置けない ➡ ○風上に置けない

悪臭は風上から漂ってくる

風上に悪臭を発するものがあると、風下の人たちは臭くて非常に迷惑することから、卑劣な人のことをののしって「風上に（も）置けない」と言います。つまり、「風下」に臭いものがあっても「風上」の人は困らないため、「風下に（も）置けない」という表現は明らかに誤用です。

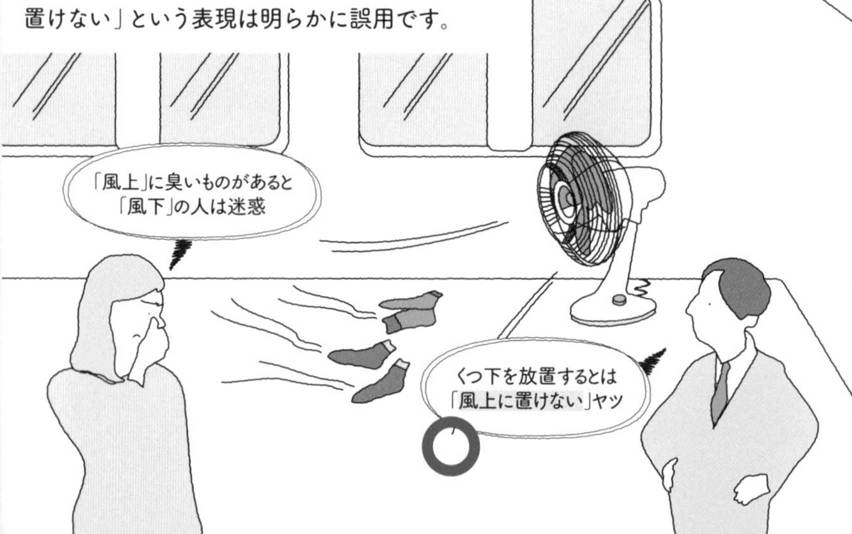

×上にも置かぬ ➡ ○下にも置かぬ

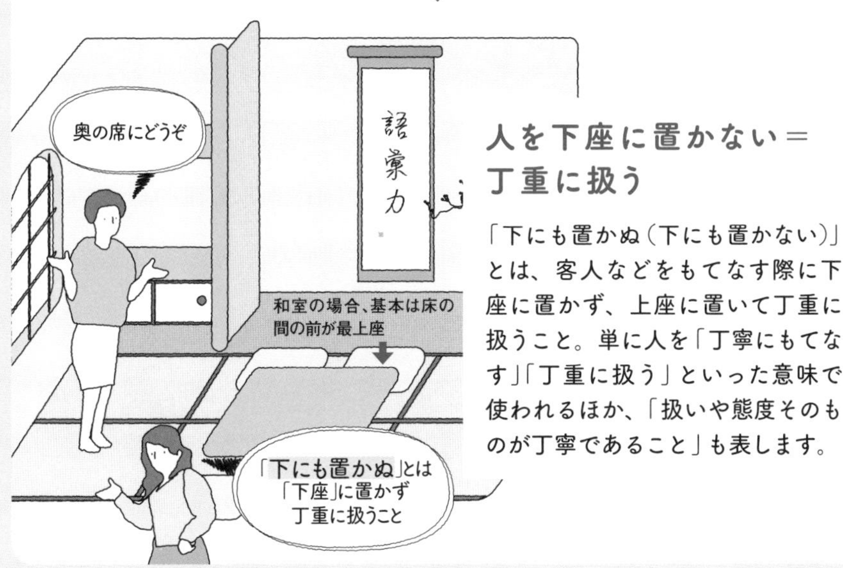

人を下座に置かない＝丁重に扱う

「下にも置かぬ（下にも置かない）」とは、客人などをもてなす際に下座に置かず、上座に置いて丁重に扱うこと。単に人を「丁寧にもてなす」「丁重に扱う」といった意味で使われるほか、「扱いや態度そのものが丁寧であること」も表します。

×的（まと）を得た意見 ➡ ○的を射た意見

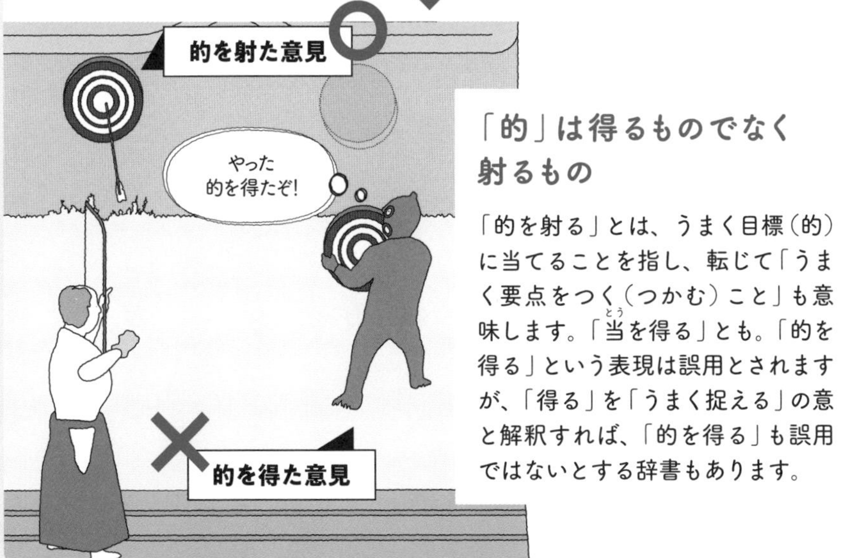

「的」は得るものでなく射るもの

「的を射る」とは、うまく目標（的）に当てることを指し、転じて「うまく要点をつく（つかむ）こと」も意味します。「当（とう）を得る」とも。「的を得る」という表現は誤用とされますが、「得る」を「うまく捉える」の意と解釈すれば、「的を得る」も誤用ではないとする辞書もあります。

09 よく使うのに間違えやすい言葉

以下のような日頃からよく使う言葉の中にも、意外と多くの人が間違えているものがあります。ふだんから間違えて使っていないか、改めてチェックしておきましょう。

✕明るみになる ➡ ○明るみに出る

明るいところに出ること

「明るみに出る」は、文字どおり明るいところに出ること。転じて、隠されていたことや、知られていなかったことが世間に広まるという意味でも用いられます。「明るみになる」だと「暗い場所が明るい場所になる」という意味になり、“隠されていたものごと”とは関係なくなってしまうため意味が成立しません。

×飛ぶ鳥跡を濁さず ➡ ○立つ鳥跡を濁さず

去る者は
後始末をしっかりと

「立つ鳥跡を濁さず」は、「特定の場所や地位から立ち去る時は、後始末をしっかりするべき」という戒めの言葉で、「引き際は美しく（潔く）」といった意味でも用いられます。「飛ぶ鳥跡を濁さず」も誤用ではないという意見もありますが、一般的には「飛ぶ鳥を落とす勢い」と混同した誤用と解釈されることが多いです。

×堂に入（はい）る ➡ ○堂に入（い）る

「堂」と「悦」は
「入（い）」るもの

「堂に入る」は、「学問や技芸が優れ、深奥（しんおう）をきわめていること」を表す言葉。この句を用いる場合、「入る」は「はいる」ではなく「いる」と読みます。ちなみに、ものごとがうまく運び、満足して喜ぶことを「悦に入る」と言いますが、この場合も読み方は「いる」が正解です。

7 知らないと恥ずかしい！ 間違えやすい言葉

Chapter 7

Check!

間違えやすい
漢字表記

慣用句などよく使う言い回しの漢字表記にも、間違えやすいものが多数あります。
「自分は絶対間違っていない」と思っていても、念のためチェックしてみましょう。

どっちが正しい？

❶ □（やさ）しい問題

❷ 一□（どう）に会する

❸ 一□（すい）の夢

❹ □（げき）を飛ばす

❺ 人を□（か）り集める

❻ □（き）いたふうなこと

❼ 歯に□（きぬ）着せぬ

❽ □（お）り込み済み

❾ 万□（らい）の拍手

❿ 時□（ぎ）を得た

⑪ 異□(いぎ)を唱える

議　義

⑫ 苦□(じゅう)の選択

渋　汁

⑬ 意向を□(ただ)す

正　質

⑭ 玉に□(きず)

傷　瑕

⑮ 姿を□(あらわ)す

現　表

⑯ 周知に□(つと)める

務　努

⑰ 命を□(か)ける

賭　懸

⑱ 苦痛に□(た)える

耐　堪

⑲ 予想を□(こ)える

越　超

⑳ 運賃の□(せいさん)算

精　清

㉑ □(こうい)意に感謝する

好　厚

㉒ 健診は異□(いじょう)なし

常　状

㉓ ブランド□(しこう)向

指　志

㉔ もう一杯□(すす)める

勧　薦

答え　①易　②堂　③炊　④檄　⑤駆　⑥利　⑦衣　⑧織　⑨雷　⑩宜　⑪議　⑫渋　⑬質　⑭瑕　⑮現　⑯努　⑰懸　⑱耐　⑲超　⑳精　㉑厚　㉒常　㉓志　㉔勧

Chapter

8

GOIRYOKU
mirudake note

知っていると一目置かれる!ことわざ・四字熟語

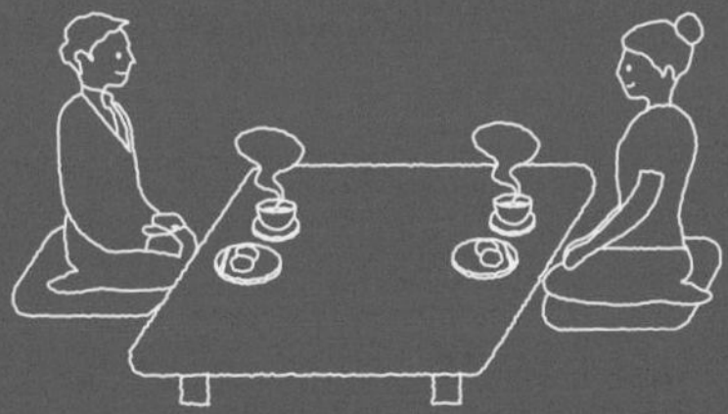

過去の「知」を凝縮したのが
ことわざと四字熟語。
戦略の是非を考えたり、
自身を省みる際にも役立ちます

「ことわざ」と「四字熟語」も、自然に使いこなせると相手に知的な印象を与えます。特にビジネスシーンで使いこなせれば、含蓄の深い一言に、チームの士気も高まります。プレゼンテーションやスピーチなど、聞き手にインパクトを与えたい時にも有効です。

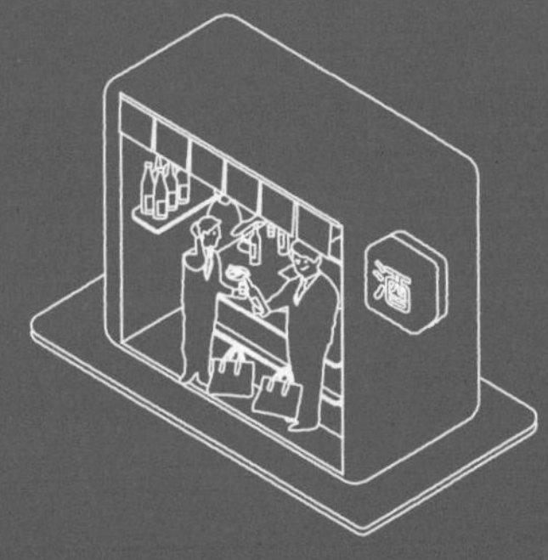

01 ビジネスシーンで使いたいことわざ（教訓編）①

ビジネスで成功するにはさまざまなノウハウが必要ですが、語彙力もその一つです。中国から来た故事成語を含め、日本語には数々のことわざがありますが、その中には現代でもビジネスに役立つものもたくさんあります。

隗（かい）より始めよ

何ごともまずは手近なことから

「大事を成すには、手近なことから着手せよ」という意味のことわざ。「隗」とは古代中国の政治家。『戦国策』や『史記』の記述によると、王から優秀な人材を集める方法を問われた隗が「まずは隗（私）の厚遇より始めよ」と答えたと言います。

彼を知り己（おのれ）を知れば百戦殆（あや）うからず

敵と己をよく知るべし

中国の兵法書『孫子』の一節。「彼」は敵、「己」は味方のことで、「敵の状態を正しく把握し、自分の実力を正確に知れば、百戦しても負けることはない」という意味。競合他社をよく知り、自分（自社）の実力をよく把握した上で戦略を立てましょう。

雨だれ石を穿つ(うがつ)

何ごとも継続が大切

「軒先から落ちるわずかな雨だれも、長年同じ場所に落ち続けていれば石に穴を空ける」という意味。「継続は力なり」という言葉もあるとおり、同じことを継続して行うのは大変ですが、根気よく続ければ、いつか成果が得られることを教えています。

悪銭(あくせん)身につかず

悪銭はすぐになくなる

「悪銭」とは悪いことをして手に入れた金銭のこと。人はえてして楽をして金銭を手にしたいと考えるものですが、そうしたお金は無駄づかいして自分の身にならず、すぐになくなってしまうという戒めの意味を持つことわざです。

勝てば官軍

最後は結局勝った者が正義

どんな手段を使ってでも勝つべきであり、勝てば道理も後からついてくる、という教え。もちろん法律に背くような行為は許されませんが、今も昔も過酷な生存競争を生き抜いてこそ、世に知られ、正義とみなされるものです。

02 ビジネスシーンで使いたいことわざ（教訓編）②

ビジネスにおいては、ちょっとした油断が大きな失敗につながったり、時流を見失ってチャンスを逃してしまったりするなど、後悔することが度々あります。ここではそんな失敗を回避するための訓言を紹介します。

創業は易(やす)く守成(しゅせい)は難(かた)し

創業よりも維持こそが難しい

「創業するのは簡単だが、その後も事業を衰えさせずに維持し続けることは難しい」という意味。唐の２代皇帝・太宗(たいそう)の言行録『貞観政要(じょうがんせいよう)』にある言葉で、太宗が功臣たちに「創業と守成のどちらが難しいか？」と問うた際に返した言葉だとされています。

浅い川も深く渡れ

些細(ささい)な仕事こそ丁寧にすべし

「ものごとを行う際には注意を怠らず、決して油断してはいけない」という意味。簡単そうに見える仕事でも、ちょっとした油断から取り返しのつかない失敗につながってしまうことも。些細なことこそ、常に用心する必要があるという戒めです。

先(さき)んずれば人を制す

先手必勝がビジネスの極意

中国の歴史書『史記』にある一節で、人よりも一歩早く気づいて着手すれば、相手を圧倒し、成功の糸口をつかむことができると教えることわざ。ビジネスでは、新製品の開発など新規の市場に進出するには、やはり先手必勝です。

青は藍(あい)より出(い)でて藍より青し

弟子が師匠を超えること

「藍」とは青色の原料となる藍草のこと。藍で染めた布は、原料の藍よりも鮮やかな青色になります。これを師匠と弟子に置き換えて、弟子が努力を重ねて知識や技術を習得し、師匠を上回ることを表した、意味だけでなく響きも美しいことわざです。

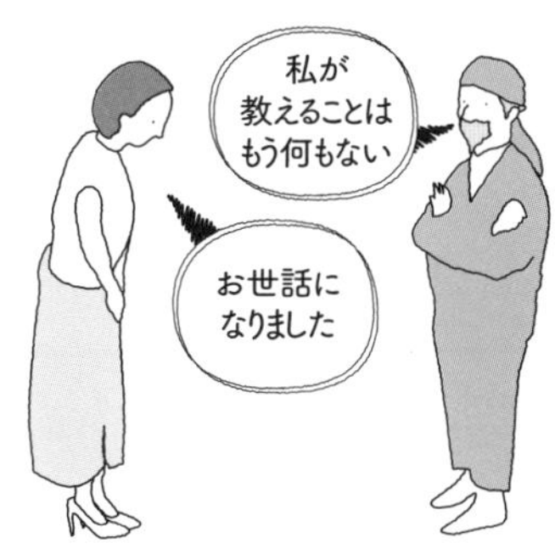

他山(たざん)の石

反面教師は必要悪?

中国最古の詩集『詩経』にある故事で、よその山から出た粗悪な石でも、砥石(といし)として利用すれば自分の玉を磨くのに役立つという意味。そこから転じて、他人の間違った言動も、自分の人格を磨く手助けになるという教訓のことわざ。

03 ビジネスシーンで使いたいことわざ（教訓編）③

ここに出てくることわざは、本などで目にすることも多いですが、調べてみると深い意味を持った教訓ばかり。ビジネスにも生かせることわざですので、ぜひ覚えて活用してください。

人事を尽くして天命を待つ

力を尽くしたらあとは待つ

中国の儒学者・胡寅がまとめた書物『読史管見』の中にある言葉で、「自分が全力で努力したら、あとは静かに天の意思に任せるしかない」という意味。「人事」とは人間の力でやれること、天命には「天から与えられた使命」という意味があります。

敗軍の将は兵を語らず

敗者の言い訳は見苦しい

中国の歴史書『史記』にある言葉で、「戦に敗れた者が、そこに至るまでの経緯や武勇伝などを語るべきではない」という意味。ビジネスでも失敗はつきもの。弁解がましいことは口にせず、黙って失敗した原因を分析し、次の仕事に活かしましょう。

情けは人のためならず

間違った解釈に要注意！

人に親切にすれば、その人のためになるだけでなく、めぐりめぐってやがて自分によい報いがあるという意味。「人に親切にするのは、その人のためにならない」という意味で使っている人も多いようですが、これは誤用です。注意しましょう。

柔よく剛を制す

柔軟に考えて戦うべし

しなやかで柔らかい考えが、強く硬いものを制すること。中国の兵法書『三略』に由来することわざで、「弱者でも強者に勝てる」という意味で解釈されがちですが、本来は「弱い者が強い者に勝つには状況をよく分析し、柔軟に考えて戦え」という意味。

悪事千里を走る

悪い噂はたちまち広まる

もともとは中国のことわざで、「よい行いをしてもなかなか人には伝わらないものだが、悪い行いをするとあっという間に世間に知れ渡る」ことをたとえたもの。「犯罪などが伝播し、拡大していく」という意味で使うのは誤りです。

04 ビジネスシーンで使いたいことわざ（言い回し編）①

ビジネス書などでは頻繁にことわざが出てきます。しかし、目にしたり聞いたりしたことはあっても「実は意味がわかっていない」というものも少なくないはず。正確な意味を把握して、いざというタイミングで使ってみましょう。

捕らぬ狸（たぬき）の皮算用（かわざんよう）

実現前の夢想は愚かなり

まだ実現していないうちから、儲けを計算したり、使い道を考えたりすることの愚かさをたとえたことわざ。新たなビジネスを始める際は、成功した後のことを夢想しがちなものですが、まずは成功させるための戦略をしっかりと考えましょう。

獅子（しし）身中（しんちゅう）の虫

小さな虫が獅子を殺す

「百獣の王」といわれる獅子も、厄介な寄生虫に取りつかれると死んでしまいます。ビジネスシーンでは、組織内にいながら害を与える社員や、恩を仇（あだ）で返すような行為に対して「まさかあいつが獅子身中の虫になるとは……」などと用いられます。

ビジネスにおける獅子身中の虫
=
組織に悪影響を及ぼす一社員

窮鼠猫を噛む

油断して弱者を侮るべからず

猫に追われて絶体絶命に陥った鼠は、時に噛み付いて反撃することから、「後がない状態まで追い詰められた弱者が、強者に逆襲すること」をたとえたもの。弱者には強者や困難への挑戦や反撃を促し、強者には戒めとなることわざです。

是々非々

ありのままに判断する

「是」は「正しいこと」、「非」は「間違っていること」を表し、立場や主張に関係なく、良いことは良い、悪いことは悪いと判断することを意味します。「あの人の言うことは全部ダメ」と先入観にとらわれず、案件ごとに判断をしましょう。

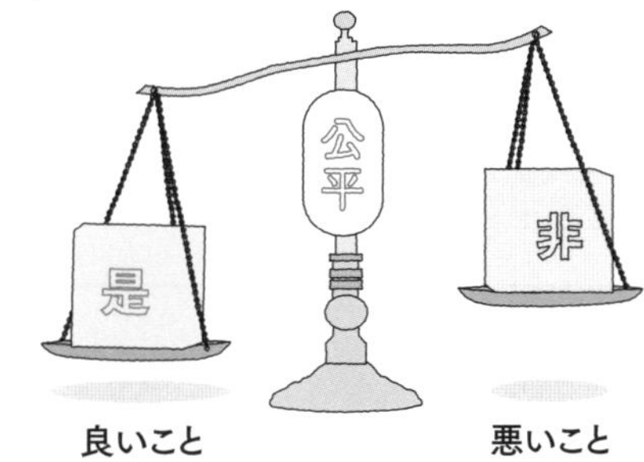

火中の栗を拾う

行動する前にリスクを点検

猿が猫をおだて、囲炉裏の中の栗を拾わせて大やけどを負わせたという『イソップ童話』に基づくことわざ。自分の利益にならないのに、他人のために苦労することや、失敗するリスクが高いことに、あえて携わる時に使われます。

05 ビジネスシーンで使いたいことわざ（言い回し編）②

ここで紹介することわざの中には初めて目にするものもあるかもしれませんが、説明を読んで、自分の経験に当てはまることがないか考えてみましょう。体験と結びついた言葉は印象に残るため、覚えやすくなります。

木を見て森を見ず

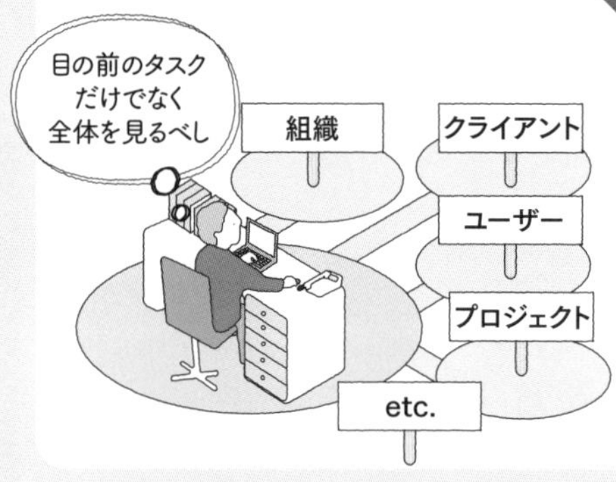

全体を見渡す視点も大切

細かなことばかりにこだわって、全体や本質がつかめないことのたとえ。1本の木にこだわっていると、森がどれほどの規模で、ほかにどんな植物があるのかなどが見えなくなってしまいます。何ごとも細部だけでなく、全体を見渡す視点が大切です。

漁夫（ぎょふ）の利

争いの中でも冷静さが大切

中国の史書『戦国策』にある、シギとハマグリが争っているのを見た漁夫（漁師）が両者とも捕まえたという故事から、争いにつけ込んで第三者が利益を横取りすることをたとえたもの。争いの中でも、冷静に第三者的な視点を保つことが大切です。

鶴の一声（ひとこえ）

有力者の一声はやっぱり強い

他人の意見を押さえ込む有力者の一言のこと。もともとは「雀の千声鶴の一声」といい、「雀の千声」は「つまらない者の多くの声」、「鶴の一声」は「優れた者の一言」を意味します。ビジネスシーンでは「社長の鶴の一声で決定した」などと用いられます。

両雄（りょうゆう）並び立たず

ライバルは必ず争うもの

実力がある者が2人いると、争いになり、どちらかが倒れるというたとえ。基本的にトップになる人は1人であり、同じ組織にリーダーが2人いたら混乱するのは当然です。同じ意味の言葉に「両虎相戦えば勢い倶（とも）に生きず」があります。

過ぎたるは及ばざるがごとし

中庸（ちゅうよう）であることが一番

何ごとも度が過ぎると、足りないのと同じぐらい効果がないということのたとえ。中庸（過不足なく偏りのないこと）であることの大切さを説いたことわざです。孔子が度を過ぎた門人と基準に達しない門人を比較して言った言葉とされています。

06 ビジネスシーンでよく使う四字熟語①

ここからは、ビジネスシーンで比較的よく目にする四字熟語を紹介していきます。こうした言葉の中には、意外と意味や由来までは知らない言葉も多いものです。この機会に覚えてみてはいかがでしょうか。

知行合一（ちこうごういつ）

実行に移してこそ知識は活かせる

中国の思想家・王陽明（おうようめい）が唱えた「本当の知は実践を伴わなければならない」とする教え。習得した知識は実践して初めて活かすことができます。「彼は知行合一の人だ」と言う場合、知識や考えを実行に移せる、有能で行動力のある人という評価になります。

温故知新（おんこちしん）

故（ふる）きを温（たず）ね新しきを知る

儒教の経典『論語』にある言葉で、前に学んだことや昔の出来事を再度調べ直し、新たな道理や知識を見いだして自分のものにすることを指します。懐古主義になりすぎてもいけませんが、過去の事例を学ぶことで新しいアイデアが湧くことも。

朝令暮改（ちょうれいぼかい）

自己を省みて戒めにすべし

中国の歴史書『漢書』にある言葉で、朝出した命令を夕方に変えること。ビジネスシーンでは、上司などが指示や命令をコロコロと変更した場合などに使われます。状況により考え方が変わることはありますが、気分で指示を変えていては誰もついてきません。

信賞必罰（しんしょうひつばつ）

人を使うには適切な報酬と罰が肝要

功績をあげた者には相応の報酬を与え、失敗したり罪を犯した者には罰を与えること。当たり前のようですが、人間関係が複雑な現代社会でこれを敢行するのは難しいもの。「経営の神様」と称された松下幸之助は、これを徹底して大きな成功を収めたと言われています。

金科玉条（きんかぎょくじょう）

守るべき規則やルールのこと

「極めて大切な法律や規則」という意味。「金」と「玉」は大切なもの、「科」と「条」は法律や規則のこと。法律や条例といった国や自治体が定めた公的なルールのほかにも、個人的に決めた絶対的な信条や偉人たちの教えを指すこともあります。

07 ビジネスシーンでよく使う四字熟語②

四字熟語は単に言葉や意味を知っているだけでなく、状況分析などの思考に活かせるといいですね。そしてさりげなく口に出せば、相手から「おっ」と思われることでしょう。

唯々諾々（いいだくだく）

何も考えず他人の言いなりになること

「唯々」「諾々」は、ともにかしこまった返事の言葉で、ことの是非を考えることをせず、他人の言いなりになるさまを意味します。中国の思想書『韓非子（かんびし）』にある、主人の顔色ばかりうかがって、何も言わずに命令に従う臣下を揶揄（やゆ）する言葉です。

旧態依然（きゅうたいいぜん）

時には慣例を破ることも必要

「旧態依然とした組織」など、旧来のまま進歩がないものや制度などを揶揄する言葉。受け継がれてきた伝統など古いものを維持することは悪いことではありませんが、古い制度やシステムなどに固執しすぎると、ものごとの進歩が滞ってしまいます。

毀誉褒貶（きよほうへん）

褒めたりけなしたりすること

称賛したり悪口を言ったりすること。「毀」「貶」は非難すること、「誉」「褒」は褒めることの意味。「評判がさまざまであること」という意味でも用いられます。「毀誉褒貶相半ばする」と言った場合は、「評価は良いも悪いも半々ぐらい」という意味になります。

初志貫徹（しょしかんてつ）

最初の誓いを思い出そう

最初に心に誓った目標や信条などを、最後まで貫き通すこと。人は、最初は高い志があっても、時間の経過や状況の変化などで忘れてしまうことはしばしばあるもの。しかし、時に最初の志を思い出してみるのが、成功を収めるためのコツかもしれません。

離合集散（りごうしゅうさん）

別れたり会ったり、くっついたり離れたり

別れたり会ったり、離れたり集まったりすること。「離合」と「集散」はどちらも同じ意味で、言葉を重ねることで強調しています。協力と対立を繰り返すことも表し、「派閥が離合集散する」などと政局がらみのニュースで用いられることも多いです。

08 威勢のよい四字熟語

「威勢のよい四字熟語」というとイメージが湧きにくいかもしれませんが、目標に使いたい言葉がそろっています。中には字面を見ているだけで、やる気が出てきそうな四字熟語もあります。

一気呵成（いっきかせい）

ものごとを一気に成し遂げること

一息に詩や文章を書き上げること、またはものごとを一気に成し遂げること。「一気」は呼吸、「呵」は息を吹きかけること、「成」は「何かを成し遂げる」という意味。ビジネスシーンでは「一気呵成にリポートを書き上げた」などと用います。

一網打尽（いちもうだじん）

獲物や犯行グループを一気に捕まえること

投網（とあみ）のひと打ちで、あたりの魚や鳥獣などを一気に捕らえること。現在では、犯行グループを一度に検挙した際などに用いることが多いです。「打尽」は「捕まえる」という意味を含んでいるため「一網打尽に捕まえる」は重言で誤用。「一網打尽にする」が正解です。

八面六臂（はちめんろっぴ）

仏像が持つ 8つの顔と6つの腕

1人で多方面にわたる、または何人分もの働きをしてのけること。かつては3つの顔(面)と6つの腕(臂)を持つ仏像をイメージして「三面六臂」と言われていましたが、多方面の意味を強めるために「八面六臂」と言われるようになりました。

獅子奮迅（ししふんじん）

ライオンが 獲物を狙うさま

獅子が獲物を狙って奮い立つ時のように、猛烈な勢いで活躍すること。もともとは『法華経（ほけきょう）』にも記載のある仏教用語で、「お釈迦（しゃか）様が精神を集中させると獅子のように勢いが増し、周囲の修行者を圧倒するほどの力がある」という記述が由来。

捲土重来（けんどちょうらい）

一度敗れた者が 再起すること

一度失敗したり敗れたりした者が、再起を期して盛り返すこと。「捲土」は土煙が巻き上がることで、激しい勢いのたとえ。「重来」は再びやってくること。言い回しとしては「捲土重来を期す」などと使います。「期す」には期待の意味のほか、心に誓うという意味も。

09 さりげなく使えるとシブい四字熟語

座右の銘としてもよく使われる四字熟語の中には、さらりと使えると品だけでなくダンディズムを感じさせるものもあります。以下の四字熟語を自然に使えれば、「君、若いのになかなかシブいね」と思われるかも。

質実剛健（しつじつごうけん）

自分、
質実剛健
なので…

謙虚な
ふりして
自画自賛？

自分を評して使うのは避けよう

中身が充実していて飾り気がなく、心身ともにたくましいさまを表した言葉です。「質」は質朴（しつぼく）、「実」は誠実の意味で、「剛健」は心身の強さという意味。「質実剛健」は主に目標として使用される言葉ですが、物や人を褒める時にも使います。

深謀遠慮（しんぼうえんりょ）

用意周到に計画を立てること

遠い将来のことをよく考えて、周到に計画を立てること。「遠慮」は本来、「遠い将来のことをよく考えること」という意味。しかし、そういう人はじっくりと考えてすぐに行動しないことから、「言動を慎み控える」という意味を持つようになりました。

比翼連理（ひよくれんり）

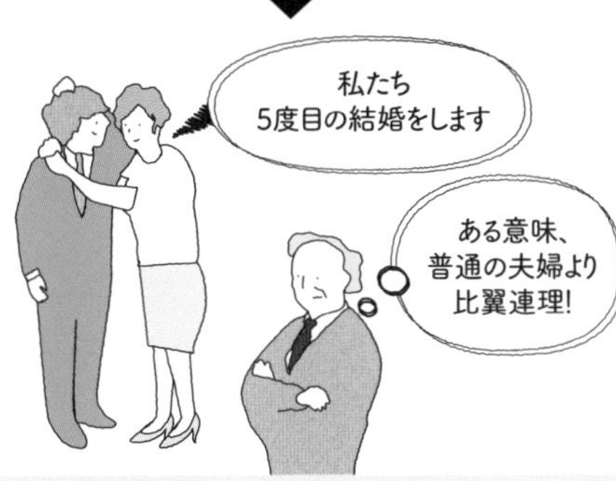

男女の和合を表す言葉

男女の情愛が深く睦（むつ）まじいこと。「比翼」は、雌雄それぞれ目と翼が1つずつで、常に一体となって飛ぶ伝説上の鳥のこと。「連理」は1本の枝がほかの枝とくっついている「連理木」のことで、縁結びや夫婦和合の象徴として信仰の対象とされています。

隠忍自重（いんにんじちょう）

冷静沈着さが最後には成功を招く

怒りや苦しみなどをじっとこらえて、軽々しい行動を起こさないこと。「隠忍」は耐え忍ぶこと、「自重」は行いを慎むことの意。理不尽なことがあって怒りたい時も、次の方策を巡らせるような冷静さが、人を成功に導くものです。

不撓不屈（ふとうふくつ）

どんな困難も乗り越える心の強さ

強い意志を持って、どんな困難に見舞われてもくじけずに精進し続ける心の強さを示す言葉です。大相撲で1993年に大関に昇進した貴花田（貴乃花）も、使者を迎えた際の口上で「不撓不屈」を口にし、その後、見事に横綱昇進を果たしました。

10 人を褒める時に使いたい四字熟語①

社会人になって何年か経つと、部下を持つことになるでしょう。そうなると「配下の人材をどう動かす？」という悩みが出てきます。どうせなら褒めて伸ばしたいもの。ここでは人を褒める時に使いたい四字熟語を紹介します。

博覧強記

広く学んでいて記憶力も良いこと

「博覧」は多くの書物を読んで知識が豊富なこと、「強記」は記憶力のよいこと。漢の初代皇帝・劉邦の軍がある城に攻め入った際、そこに膨大な書物が所蔵されており、「宝の山だ！」と喜んだ家臣がその書物で勉強し、膨大な知識を得たとの故事が由来。

突出した実力者という意味

「並外れた能力を持つ勇敢な人」という意味で、一騎（1人の騎兵）で千人の敵と戦うことができるほど強いことを表す言葉です。中国の歴史書『北史』には、一人で千人分の力を持つ突出した実力者を指す「一人当千」という記述があり、ここから「一騎当千」が生まれたと言われています。

一騎当千

面目躍如（めんもくやくじょ）

失敗した人の再成功には用いない表現

世間の評価にふさわしい活躍を遂げている人や、その分野で実力を発揮することの意味。一度失敗を犯した人が再び脚光を浴びた際に用いることもありますが、そうしたリベンジ的な使い方は誤り。前評判どおりの活躍を遂げた時に用います。

才気煥発（さいきかんぱつ）

あふれ出す才能のこと

何らかの才能を持った人が、その力をフルに活かして活躍するような場面で、「彼の才気煥発さに期待しよう」といった形で用いられます。「才気」は「活発な頭脳の働き」という意味、「煥発」は「火が燃えるように美しく表れること」を表しています。

泰山北斗（たいざんほくと）

第一人者や権威者のこと

その道で大家として仰ぎ尊ばれる人や、特定の分野での第一人者や権威者のこと。略して「泰斗」とも言います。「泰山」は中国山東省にある山で、「北斗」は「北斗七星」に由来。どちらも人々から仰ぎ見られる存在のため、そのような権威者を「泰山北斗」と称するようになりました。

11 人を褒める時に使いたい四字熟語②

人や状況、ものごとなどを褒める時にも、味わい深い四字熟語を添えたいところ。部下や同僚を褒める時はもとより、目上の人を“ヨイショ”する際にも、気の利いた四字熟語を用いてみましょう。

日進月歩（にっしんげっぽ）

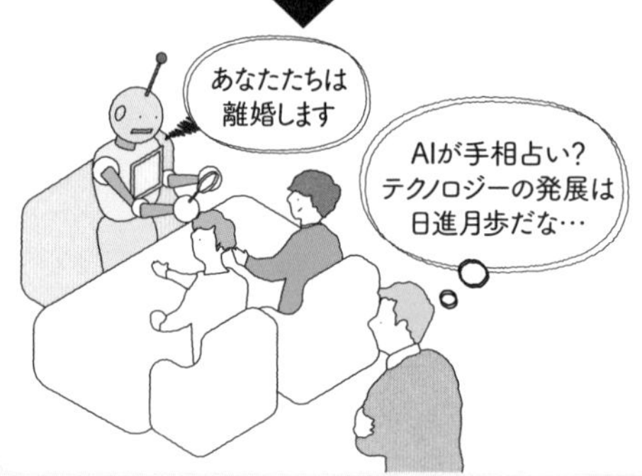

日々、絶えず急速に進歩すること

「日々、絶えず進歩すること」という意味で、現代では科学やテクノロジーの発展を表す際に用いることが多い言葉です。日ごと日ごとにぐんぐん進むイメージになるため、「コツコツと努力して少しずつ成長する（した）」という場面では使えない言葉なので注意しましょう。

泰然自若（たいぜんじじゃく）

どんなことにも動じず慌てない様子

落ち着いていて、どんなことにも動じず慌てない様子のこと。「泰」はおおらかな様子、「然」は肯定・承認といった意味を含みます。「自若」は自然体であるさまを表す言葉。これらを合わせて、落ち着いていて取り乱すことがないことを表します。

豪放磊落（ごうほうらいらく）

小さなことは気にしない

「豪放」は「太っ腹で小さなことにこだわらないこと」、「磊落」は「おおらかで気性がさっぱりしていること」の意。どちらも度量が大きく、小さなことにこだわらないさまを表す言葉ですが、同じ意味を繰り返すことで、その意味をより強調しています。

温厚篤実（おんこうとくじつ）

温かで誠実な人や様子のこと

情に厚く温かで、誠実なさまを表す言葉です。古代中国の書物『易経（えききょう）』と『礼記（れいき）』には「温厚」「篤実」の記載があり、それぞれ「人の見本」として説明されています。思いやりがあってこまやかな気配りができる人、といったイメージでしょうか。

気宇壮大（きうそうだい）

極めて大きな度量やスケール

「気宇」は気構えや心の広さを表し、「壮大」は極めて大きく立派なことを表します。「気宇壮大」と言った場合は、心意気や度量が人並み外れて大きいさまや、構想のスケールが大きいことを意味します。「気宇壮大な人物」「気宇壮大な物語」といった形で使います。

Check!

改まり語一覧

改まった席やビジネスシーンでは、時間・人称・動作・程度などに日常語より丁寧な改まり語を用います。書類作成時も、和語より漢語の改まり語を用いるのが一般的です。

日常の言葉	改まり語	日常の言葉	改まり語	日常の言葉	改まり語
きょう	本日	すぐに	ただ今、至急	どんな	どのような
きのう	昨日（さくじつ）	今	ただ今	どれくらい	いかばかり
おととい	一昨日（いっさくじつ）	前から	以前から	わたし	わたくし
ゆうべ	昨夜	もうじき	まもなく	わたしたち	わたくしども
あした	明日（あす、みょうにち）	これから	今後	少し	少々
あさって	明後日（みょうごにち）	あっち	あちら	頼む	依頼する
去年	昨年	こっち	こちら	確かめる	確認する
おととし	一昨年（いっさくねん）	こんな	このような	送る	送付する
この間	先日	どっち	どちら	配る	配布する
この前	前回	どう	いかが	書く	記入する
この次	次回	どこ	どちら	考え直す	再考する
後で	後ほど	どれ	どちら	謝る	謝罪する
さっき	先ほど	いくら	いかほど	忘れる	失念する

Chapter 8

敬称一覧

敬称は相手との関係や場などに合わせて使い分けが必要です。
また、一般的に手紙や電報などでは、会話での敬称より丁寧にする慣習があります。

日常の言葉	敬称	日常の言葉	敬称
父	お父様・ご尊父(様)	会社	貴社・御社
母	お母様・ご母堂(様)	学校	貴校・貴学
両親	ご両親(様)	店	貴店
夫	ご主人(様)	銀行	貴行
妻	奥様・ご令室(様)	病院	貴院
兄	お兄様・兄上様・ご令兄(様)	官庁	貴省・貴庁
姉	お姉様・姉上様・ご令姉(様)	会	貴会
弟	ご令弟(様)	家(お宅)	貴家・尊家・貴宅・貴邸
妹	ご令妹(様)	住所(お住まい)	貴地・御地
息子	ご子息(様)・ご令息	名前	お名前・ご芳名
娘	お嬢様・ご令嬢	手紙	お手紙・貴簡・ご芳書・玉書(ぎょくしょ)
孫	ご令孫(様)	本	ご高著・貴著
親戚	ご親戚・ご親族	詩歌	玉詠・玉吟

主要参考文献

大人の語彙力が使える順できちんと身につく本
吉田裕子　著（かんき出版）

美しい女性をつくる言葉のお作法
吉田裕子　著（かんき出版）

一生分の教養が身につく！ 大人の語彙力強化ノート
吉田裕子　著（宝島社）

正しい日本語の使い方
吉田裕子　監修（枻出版社）

品よく美しく伝わる「大和言葉」たしなみ帖
吉田裕子　監修（永岡書店）

TJ MOOK　先人たちの知恵を学ぶ ことわざ練習帳
吉田裕子　監修（宝島社）

TJ MOOK　知らずに使っている残念な日本語
（宝島社）

大人の語彙力ノート
齋藤孝　著（SB クリエイティブ）

語彙力がないまま社会人になってしまった人へ
山口謠司　著（ワニブックス）

超一流 できる大人の語彙力
安田正　著（プレジデント社）

「あの人仕事できるね！」と言われる 語彙力が身に付く本
知的向上委員会　著（メディアソフト）

使いたい時にすぐ出てくる！ 大人の語彙力が面白いほど身につく本
話題の達人倶楽部　編（青春出版社）

この一冊で面白いほど身につく！ 大人の国語力大全
話題の達人倶楽部　編（青春出版社）

脳を活性化させる 大人の漢字テスト
川島隆太　監修（宝島社）

「了解です」は上司に失礼！ 大人のマナー常識
トキオ・ナレッジ　著（宝島社）

ビジュアル大和言葉辞典
大和心研究会　著（大和書房）

日本人も知らないやまとことばの美しい語源
武光誠　著（河出書房新社）

美しい「大和言葉」の言いまわし
日本の「言葉」倶楽部　著（三笠書房）

日本のことわざを心に刻む ―処世術が身につく言い伝え―
岩男忠幸　著（東邦出版）

実用ことわざ新辞典 ポケット判
高橋書店編集部　編（高橋書店）

会話・スピーチで使える！ 場面別 ことわざ・名言・四字熟語
小学館辞典編集部　編（小学館）

STAFF

編集	坂尾昌昭、小芝俊亮、山口大介（G.B.）、平谷悦郎
執筆協力	内山慎太郎
本文イラスト	本村誠
カバーイラスト	ぷーたく
カバーデザイン	別府拓（Q.design）
本文デザイン	別府拓、深澤祐樹（Q.design）
DTP	G.B.Design House

監修 吉田裕子（よしだ ゆうこ）

国語講師。大学受験Gnoble、カルチャースクール、企業研修などで講師を務めたり、NHK Eテレ「テストの花道 ニューベンゼミ」に出演したりするなど、日本語・言葉づかいにかかわる仕事に多数携わっている。著書『正しい日本語の使い方』（枻出版社）は12万部を突破。ほかに『品よく美しく伝わる「大和言葉」たしなみ帖』（永岡書店）、『美しい女性をつくる言葉のお作法』『大人の語彙力が使える順できちんと身につく本』（共にかんき出版）など著書・監修書多数。東京大学教養学部卒。

イラスト図解だから秒速で身につく！
大人の語彙力見るだけノート

2021年1月7日　第1刷発行

監修　吉田裕子

発行人　蓮見清一
発行所　株式会社 宝島社
〒102-8388
東京都千代田区一番町25番地
電話　営業：03-3234-4621
　　　編集：03-3239-0928
https://tkj.jp

印刷・製本　サンケイ総合印刷株式会社

Printed in Japan
ISBN 978-4-299-01200-5